# ग्लोबल समय में कविता

# ग्लोबल समय में कविता

प्रियदर्शन

वाणी प्रकाशन

**वाणी प्रकाशन**

*4695, 21-ए, दरियागंज, नयी दिल्ली 110 002*

फ़ोन : +91 11 23273167 फ़ैक्स : +91 11 23275710

**शाखाएँ**

*अशोक राजपथ, पटना 800 004, बिहार*

*कॉफ़ी हाउस कैम्पस, महात्मा गांधी मार्ग, इलाहाबाद 211 001, उत्तर प्रदेश*

*महात्मा गांधी अन्तरराष्ट्रीय हिन्दी विश्वविद्यालय, वर्धा 442 001, महाराष्ट्र*

www.vaniprakashan.in
marketing@vaniprakashan.in
sales@vaniprakashan.in

GLOBAL SAMAY MEIN KAVITA
*by* Priyadarshan

ISBN : 978-93-5072-669-3
Criticism



प्रथम संस्करण 2014
आवृत्ति 2018

मूल्य : ₹ 395



*एम.एस. प्रिंटर्स, दिल्ली-110 095 में मुद्रित*

*वाणी प्रकाशन का लोगो मक़बूल फ़िदा हुसेन की कूची से*

# भूमिका

बीते दो दशकों से हम एक ग्लोबल समय में रह रहे हैं। इस समय में आधुनिक दौर की बहुत सारी पहचानें पीछे छूट चुकी हैं। राष्ट्रवाद एक बीता हुआ प्रत्यय होता लग रहा है। औद्योगिक क्रान्ति को अपदस्थ कर सूचना क्रान्ति चली आयी है। केन्द्रवाद की जगह स्थानिकता ने ले ली है। मध्यवर्ग की जगह उपभोक्ता वर्ग चला आया है। हाशिए अब ज़्यादा मुखर हैं और आसानी से पहचाने जा रहे हैं। यह समय जैसे एक नया आदमी बना रहा है, एक नया समाज गढ़ रहा है। यह नया समय, नयी अस्मिताओं, नयी राजनीति, नयी बर्बरताओं और नये प्रतिरोधों का है।

इस ग्लोबल और मूलतः बाज़ार आश्रित समय में न राजनीति सीधी-सपाट बची है न कविता। कविता हाशिए पर धकेली भी जा रही है, लेकिन वह नये सिरे से उभर भी रही है। बेशक, उसमें विरोध के पुराने, आडम्बरी, स्वर नहीं दिखते, लेकिन प्रतिरोध की नयी मानवीय छटपटाहट नज़र आती है। यह आसानी से महसूस किया जा सकता है कि व्यवस्थाओं और विचारधाराओं के आरपार मानवीय अस्मिता और सम्मान की लड़ाई कहीं ज़्यादा तीखी हुई है और कम से कम कविता में यह लड़ाई बड़ी ईमानदारी से दर्ज है। बल्कि इस समय की बर्बरता के विरुद्ध प्रतिरोध के सबसे प्रामाणिक साक्ष्य शायद इस दौर की कविता में ही हैं।

इस दौर में कविता भी बदली है और कविता के पढ़ने का ढंग भी। पुरानी रचनाओं के नये पाठ आ रहे हैं और नयी रचनाओं में सन्दर्भ बदले हुए दिख रहे हैं। संकट यह है कि इस नयी कविता और इस नये समय को समझने के लिए जो आलोचनात्मक उद्यम ज़रूरी हैं, वे नहीं हो रहे। पुराने औजारों से ही इस नयी रचना की चीर-फाड़ जारी है। नतीजा यह हो रहा है कि कविताएँ कहीं कला की कसौटी पर ख़ारिज की जा रही हैं तो कहीं विचारधारा की कसौटी पर।

बहरहाल, इन सबके बावजूद, आज हिन्दी कविता में कई तरह की आवाज़ें मिलती हैं। इन आवाज़ों को क़रीब से सुनना ज़रूरी है। इस अलोचना-पुस्तक के लिए

किताबें चुनते हुए मैंने सबसे ज्यादा इसी बात का खयाल रखा कि इसमें पुरानी शास्त्रीय रूढ़ियों से मुक्त वे टिप्पणियाँ शामिल हों जो रचना का एक अलग पाठ बनाती हैं। हिन्दी के कई समकालीन कवियों, विष्णु खरे, वीरेन डंगवाल, और अरुण कमल से लेकर बिल्कुल युवा आवाज़ों तक को समेटती यह किताब पाठकों को हिन्दी के इस रचना समय का कुछ आस्वाद सुलभ करा सकती है।

**–प्रियदर्शन**

# अनुक्रम

# विलक्षणता तेरे कई रूप

समकालीन हिन्दी कविता में परम्पराओं की अनुगूँजें जिस एक कवि के यहाँ सर्वाधिक दिखाई पड़ती हैं, वे वीरेन डंगवाल हैं और आश्चर्य यह है कि इन अनुगूँजों के साथ मौलिकता का एक ऐसा आस्वाद भी जुड़ा हुआ है जो उन्हें हमारे समय के एक विलक्षण कवि के रूप में स्थापित करता है। उनके कविता-संग्रह 'दुश्चक्र में स्रष्टा' में इस विलक्षणता के कई स्तर देखे जा सकते हैं। जो सबसे मुखर स्तर है, वह उनकी केन्द्रीय काव्य-स्थितियों और उनकी काव्यभाषा में दिखाई पड़ता है। मिसाल के लिए एक कस्बाई बारिश का चित्र खींचते हुए वे 'सूअर का बच्चा' जैसी अनूठी कविता लिख डालते हैं और 'डीजल इंजन' के वर्णन का अन्त 'आओ रे, अरे उपूरे, परे, दरे, पूरे, दपूरे, के रे, केरे?' जैसे निरर्थक शब्दों से करते हुए एक अर्थ ध्वनित कर जाते हैं। यह अनूठापन खेल-खेल में कैसे एक चकित कर देने वाला काव्य-अनुभव बन सकता है, इसकी मिसाल उनकी छोटी-सी कविता 'फरमाइशें' है : 'कुत्ते मुझे थोड़ा-सा स्नेह दे/गाय ममता भालू मुझे दे दे यार/शहद के लिए थोड़ा/अपना मर्दाना प्यार/भैंस दे थोड़ा बैरागीपन बन्दर फुर्ती/अपनी अक्ल से मुझे बख्शे रखना सियार।'

लेकिन खतरा यह है—और वह वीरेन डंगवाल की आलोचना का जो स्टीरियोटाइप बन रहा है, उसमें दिख भी रहा है—कि उनके इस भाषिक खेल और उनकी कथात्मक बीहड़ता में शमशेर-नागार्जुन खोजकर वाहवाही का दायित्व पूरा कर लिया जाये और वे कविताएँ अलक्षित रह जायें जो वस्तुतः वीरेन डंगवाल का अपना आस्वाद, संवेदना-विश्व और काव्य मुहावरा—बल्कि काव्य मुहावरे—बनाती हैं। साहित्य और संस्कृति की दुनिया में चीजों को समग्रता में देखने का मुहावरा जिस कदर घिस गया है, उसे याद करते हुए वीरेन डंगवाल के सन्दर्भ में इसका इस्तेमाल एक संकोच पैदा करता है, मगर यह कहे बिना रहा नहीं जा सकता कि वे जीवन को समग्रता में देखने वाले कवि हैं— बल्कि यह वह दी हुई समग्रता नहीं है जिसके हम सब अभ्यासी हैं—

केन्द्र से क्रमशः हाशियों की ओर बढ़ती और धुँधली पड़ती हुई। इस समग्रता को वे अपनी तरह से रचते हैं। वीरेन के सन्दर्भ में यह जोड़ना जरूरी है कि वे बिल्कुल उल्टी दिशा से– यानी हाशिए से टटोलना शुरू करते हैं– उन धुँधले छोरों से जिनसे हम बेखबर होते हैं या जिनकी उपस्थिति के हमारे लिए मायने नहीं रह जाते– और फिर केन्द्र की ओर बढ़ते हैं। मगर इस प्रक्रिया में हम पाते हैं कि केन्द्र और हाशिए वे नहीं हैं जो पहले थे– दृश्य ज़्यादा रौशन हो गये हैं, चीजें ज्यादा स्पष्ट हो गयी हैं, दुनिया ज्यादा साफ-शफ्फाक दिखने लगी है– और इसलिए राजनीति या अर्थनीति, या कहें कि समूची आधुनिकता का मारा हुआ अवसाद, अकेलापन, व्यर्थता-बोध या इसके समान्तर विरोध और प्रतिरोध की राजनीति, गोलबन्दी की दलीय अभिव्यक्ति उनकी कविता पर हावी नहीं हैं, जबकि ये वे प्रवृत्तियाँ हैं जिनका समकालीन काव्य मुहावरे और मिज़ाज पर बहुत गहरा असर रहा है।

इन अतिरेकी मुद्राओं में धँसने-फँसने की जगह वीरेन जो पैदा करते हैं, वह गहरा उल्लास है, जीवन की वास्तविक सहजता से फूटता हुआ और इस बात से बाख़बर कि दुनिया नींद में भी बनती है–'मेरी नींद के दौरान/कुछ इंच बढ़ गये पेड़/कुछ सूत पौधे' ('हमारी नींद')– लेकिन इसमें सिर्फ मोद नहीं है, यह समझ भी है कि इस बनते हुए जीवन में बहुत चीजें ऐसी भी बन रही हैं जिनका प्रतिरोध जरूरी है, और साथ ही तसल्ली भी कि 'और लोग भी हैं, कई लोग हैं/अभी भी/जो भूले नहीं करना/साफ और मज़बूत/इनकार।' ('हमारी नींद)'

असल में अपनी इसी दृष्टिसम्पन्नता के कारण वीरेन एक स्तर पर किसी अवसाद या हताशा को फटकने नहीं देते और दूसरे स्तर पर बराबर उन स्थितियों के प्रति सचेत रहते हैं जो अपने निहितार्थों में मनुष्य-विरोधी हैं। उनकी एक कविता है; 'मार्च की शाम में आईआईटी कानपुर'। आईआईटी में जो पढ़ते हैं, वे भारत के सबसे प्रतिभाशाली लोग हैं। भविष्य की सम्भावनाओं से भरपूर। लेकिन उनका क्या होता है? 'गर्वीली गर्दनों वाले कितने किशोर/आये यहाँ/गुम हो गये।/मेधा उनकी/पुकारती रही/पुकारती रही/पुकारती रही विकल।' ये गुम हुए बच्चे कहाँ जाते हैं? हम जानते हैं कि उनमें से ज्यादातर बाहर चले जाते हैं। लेकिन किस तरह? वीरेन सरीखा कवि ही समझ सकता है, 'फिर उस्ताद हत्यारों ने उसे बदला/एक निश्छल लालच में। /अन्त में बन जाएगी वह/बिल गेट्स का एक/निर्जीव किन्तु दक्ष हाथ।' और इन स्थितियों से भारतीय सन्दर्भों में जो विडम्बना बन रही है, वह कैसी है? 'दुनिया एक गाँव तो बने/लेकिन सारे गाँव बाहर रहें उस दुनिया से/यह कम्प्यूटर करामात हो।' इतना कह चुकने से भी कविता बन जाती है। लेकिन यह एक स्थिति मात्र है। इतने भर से बंजर के बढ़ते जाने की वह पीड़ा दिखाई नहीं पड़ती जिस पर असल में इस दृश्य के जरिये कवि की निगाह है। इसलिए अन्त में एक लम्बी साँस की तरह वह जोड़ता है, 'कितने अभागे हैं वे पुल/जो सिर्फ गलियारे हैं/जिनके नीचे से गुजरती नहीं/कोई नदी।'

वस्तुतः जो समग्रता अपनी दृष्टि से वीरेन डंगवाल अर्जित करते हैं, वह उन्हें अन्ततः उल्लास, प्रेम और सौन्दर्य का कवि बनाती है। क्या दुर्भाग्य है कि कविता में ये तीनों एक तरह से अनाधुनिक तत्त्व मान लिए गये हैं। प्रवृत्ति के रूप में आधुनिकता से वाकई उनका वास्ता कम है। कह सकते हैं कि वीरेन की कविता में एक तरह की वैकल्पिक आधुनिकता है, जिसमें व्यक्तिगत और सार्वजनिक के खाने या खाँचे अलग-अलग नहीं, बल्कि एक-दूसरे में ही विन्यस्त हैं। तकलीफों के प्रति सचेत होते हुए भी उल्लास की सघनता इसी विन्यास से निकली है। सार्वजनिक दृश्यों में निजी उपस्थिति भी है। कई बार बड़ी सामान्य-सी घटनाओं से वे एक विलक्षण काव्य-अनुभव बुनते हैं। जैसे उनकी छोटी-सी कविता है, 'चप्पल पर भात' : 'किस्सा यों हुआ/कि खाते समय चप्पल पर भात के कुछ कण/गिर गये थे/जो जल्दबाजी मे दिखे नहीं/फिर तो काफी देर/तलुवों पर उस चिपचिपाहट की ही भेंट/चढ़ी रहीं/तमाम महान चिन्ताएँ।'

यह वैकल्पिक आधुनिकता अपने चरित्र में परम्परा विरोधी नहीं है, बल्कि उसकी कोख से ही निकली है। इसलिए वीरेन में उनकी तमाम मौलिकता के बावजूद गहन परम्पराशीलता है। निराला, नागार्जुन, शमशेर के कदमों के अब तक गीले निशान उनके काव्य-शिल्प में ही नहीं, उनकी समूची संवेदना में भी देखे जा सकते है। अयोध्या में राजनीति द्वारा बनाए जा रहे राम से आक्रान्त कविताएँ हिन्दी में कई हैं, लेकिन निराला के राम सिर्फ वीरेन को याद आते हैं। 'फिर-फिर निराला को समर्पित' तीन खंडों में बँटी कविता 'फैजाबाद-अयोध्या' में 'लेकिन वह एक और मन रहा राम का, जो न थका' को याद करने से पहले वे लिखते हैं, 'सबकुछ था पूर्ववत अयोध्या में/बस उत्सव थोड़ा कम/थोड़ा ज्यादा वीतराग/.........फिर भी क्यों लगता था बार-बार/आता हो जैसे, आता हो जैसे/किसी घायल हत्-कार्य धनुर्धारी का/भिंचा-भिंचा विकल रुदन।'

यह नहीं कह सकते कि इन कविताओं में राजनीतिक आशय नहीं हैं।

जीवन का उल्लास और सौन्दर्य, और इन दोनों से जुड़ा विराट प्रेम जैसे इस समूचे संग्रह में पार्श्व-संगीत की तरह मौजूद है—कहीं तीव्र, कहीं मद्धिम, कहीं शायद चुप भी, मगर अनुपस्थित नहीं। प्रकृति इन सबकी सहचरी है। अपने उस उदात्त और विराट रूप में नहीं, जिस तरह वह कविता में आती और लायी जाती रही, बल्कि घर, आँगन और जीवन में पसरी लताओं, लगे पेड़ों और जंगलों की तरह जिनसे एक ही साथ हम बेखबर और बाखबर दोनों रहते हैं। नींबू के रूपाकार और पुदीने की महक पर कविताएँ ऐसी ही प्रकृति चेतना का सहज परिणाम हो सकती हैं। बल्कि जीवन के इतने सारे दबे-छुपे, अपनी गिलहरी-गति में अनजाने गुजर-जाने वाले दृश्य और प्रसंग अपनी कविता में वे उपस्थित कर देते हैं कि समग्रता में निहित असली बहुलता का आस्वाद समझ में आता है।

शिल्प के स्तर पर भी वीरेन अपनी बीहड़ता से ही नहीं, अपनी बहुलता से भी विस्मय में डाल देते हैं। जिन समकालीन कवियों से छन्द सधता है और नये अर्थ साधता है, उनमें भी वीरेन अकेले हैं। 'शमशेर' नामक कविता में वे जैसे शमशेर के शिल्प की सारी खुशबू, नफासत और बारीकी सँजो लेते हैं, 'रात आईना है मेरा/जिसके सख्त ठंडेपन में भी/छुपी है सुबह/चमकीली साफ/झील में दाढ़ी भिगोते सप्तर्षि/मुस्कुराते हैं आपस में/मेरी तरफ इशारा करके/...मैंने प्रेम किया/इसीलिए भोगने पड़े/मुझे इतने प्रतिशोध।' इस शमशेरियत का बहुत अच्छा इस्तेमाल उनकी एक अन्य कविता 'बाँदा' में भी देखने को मिलता है। इसके अलावा एक काव्य-युक्ति उनके यहाँ नागार्जुन की भी दिखाई देती है—एक स्थिति को सामने रखकर हौले से एक टिप्पणी कर डालने की, जिससे कविता का सहसा एक नया अर्थ मिल जाये।

लेकिन वह कौन-सी चीज है जो वीरेन डंगवाल को नागार्जुन और शमशेर के करीब भी ले जाती है और उनसे दूर भी कर देती है? अपनी बहुलता और समग्रता और बीहड़ता के बावजूद, अपने सौन्दर्य-बोध और यथार्थ-बोध के बावजूद उनमें वह काव्य तत्त्व कहाँ छूटता है जो किसी को नागार्जुन और किसी को शमशेर बना डालता है? इस सवाल के सरलीकृत जवाब अनेक हो सकते हैं, लेकिन इसका उचित आलोचनात्मक परीक्षण होना बाकी है। यह छूटाहुआपन एक तो वहाँ लगता है जहाँ हम देखते हैं कि कुछ कविताओं में वीरेन सिर्फ शब्दों से खेलते भर रह गये हैं। 'घोड़ों का बिल्ली अभिशाप' ऐसी ही कविता है। लेकिन एक तो यह सच है कि ऐसी कविताएँ कम हैं और दूसरे, शमशेर-नागार्जुन के यहाँ भी हैं। बहरहाल, इस सवाल के बावजूद 'दुश्चक्र में स्रष्टा' हिन्दी में अपनी तरह का एक विलक्षण संग्रह है और अपने गठन में आलोचकों के लिए एक चुनौती की तरह है।

**दुश्चक्र में स्रष्टा : वीरेन डंगवाल (जनसत्ता : 1 सितम्बर, 2002)**

# इतना आसान नहीं है कवि होना

अरुण कमल हिन्दी के उन कवियों में हैं जो बहुत मृदु, संयत और शान्त लहजे में अपनी बात कहते हैं। वे न अतिरंजित मौन के गुंजलक में घिरते हैं न अतिरिक्त मुखरता के मोह में फँसते हैं। उनका नया कविता संग्रह 'मैं वो शंख महाशंख' पढ़ते हुए सबसे पहले ध्यान पूरे संग्रह में मौजूद सादाबयानी की तरफ जाता है। यहाँ सादाबयानी से मुराद शब्दों या लहजे की सादगी भर से नहीं है, बल्कि इस बात से है कि कवि दुनिया को देखते हुए, उसमें अपना रंग फेंटने की कोशिश नहीं कर रहा, उसे बिल्कुल खुली आँख से देख और रख रहा है। यह बात इसलिए महत्त्वपूर्ण है कि हम सबके देखने के अभ्यास में इतने सारे रंग और नज़रिये शामिल होते जाते हैं कि बिल्कुल खुली आँखों से देखना जितना आसान लगता है उतना होता नहीं– अक्सर हम दृश्यों की व्याख्या के मोह में फँस जाते हैं– बिना यह जाने कि उन्हें चुपचाप बदल दे रहे हैं।

लेकिन अरुण कमल बस देखते हैं और उस कोण से देखते हैं जहाँ से दृश्य अपनी पूरी अर्थवत्ता के साथ हमारे सामने खुल जाता है। जाहिर है, इस तरह देखना दृश्य में शामिल हुए बिना– अगर क्लीशे का सहारा लें तो– दर्शक के साथ-साथ भोक्ता हुए बिना सम्भव नहीं है। यह प्रक्रिया अरुण कमल की कविता में एक गहरी संलग्नता पैदा करती है– निहायत आत्मीय एकालापों में कवि जैसे अपने को, अपने अकेलेपन को या दूसरों के साथ अपने रिश्तों को दर्ज करता चलता है– कुछ तो नितान्त ऐसे जटिल रिश्तों को, जिन्हें कविता में सँभालने के लिए बहुत गहरा संयम चाहिए। 'सम्बन्ध' ऐसी ही कविता है और कुछ हद तक 'सेवक' भी। मृत्यु या उससे जुड़े प्रसंगों को भी अरुण कमल ऐसी ही थिर संलग्नता के साथ रखते हैं–'चाँपा', 'क्रिया', 'आवर्त' और 'अन्त्येष्टि' जैसी कविताएँ मृत्यु को उसके नितान्त लौकिक परिप्रेक्ष्य में देखती हैं।

संग्रह की बहुत सारी कविताएँ छूटे हुए आदमी की कविताएँ हैं–उस आदमी की

जो किसी गिनती में नहीं आता। इस दौर की बहुत सारी कविताएँ, इस गिनती से बाहर खड़े आदमी को सम्बोधित हैं। अरुण कमल के ही समकालीन कवि राजेश जोशी की कविता 'इत्यादि' की तत्काल याद आती है। कह सकते हैं कि जिस दौर में ताकतवर आदमी की अभ्यर्थना का चलन लगातार बढ़ रहा है, जब पूरी व्यवस्था कुछ गिनती के लोगों की सहूलियतें जुटाने में लगी है, जब हमारे ज्ञान-विज्ञान के तमाम अनुशासन, हमारा सार्वजनिक मीडिया जैसे एक खास तबके के लिए बिछे जा रहे हैं, तब हिन्दी कविता उस छूटे हुए मनुष्य के साथ खड़ी है जो बहुत मार्मिकता से कह रहा है, *'मैं जी रहा हूँ एक-एक साँस गिनता/अभी अगले पल कुछ भी हो सकता है/मेरी नाव डूब रही है मेरा घर गिर रहा है/मेरा रास्ता रसद पानी बन्द/मेरे पैरों के नीचे फट रही है धरती/मैं डूब रहा हूँ...' (निर्बल के गीत)*

हालाँकि अरुण कमल की कविता को मैं बहुत राजनीतिक आशयों के बीच पढ़ना नहीं चाहता। ऐसा नहीं कि उसमें राजनीतिक आशय नहीं हैं, लेकिन इस कविता का मूल स्वर अन्ततः मनुष्य की निजी और सार्वजनिक चेतना और वेदना के बीच बनता है। कहा जा सकता है कि समकालीन कविता की बहुत सारी आवाज़ों पर यह पंक्ति एक साथ लागू की जा सकती है। मंगलेश डबराल, चन्द्रकान्त देवताले, असद जैदी, वीरेन डंगवाल या राजेश जोशी और विष्णु खरे, विष्णु नागर और उदय प्रकाश तक को लेकर लगभग यही बात समान भरोसे और विश्वसनीयता के साथ दुहरायी जा सकती है। लेकिन इस समानधर्मा काव्य चेतना के बावजूद इन सब कवियों को एक जैसा मान लेना एक तरह के आलोचकीय सरलीकरण का शिकार होना है जिसकी एक वजह समकालीन हिन्दी कविता के प्रति अज्ञान भी हो सकता है। बेशक, लगभग एक-से काव्य तन्तुओं और सरोकारों के बीच बनने के बावजूद इन तमाम कवियों की कविताओं का अपना एक लहजा है। वे एक-दूसरे की आवाज़ों से भी बनते हैं, लेकिन उनकी अपनी एक अलग पहचान भी है जो लहजे में मद्धिम भले हो, चमक और असर में अलग से पहचानी जा सकती है।

सवाल है, अरुण कमल की वह आवाज़ क्या है जिसे वे केवल अपनी धार बता सकें? यह दिखता है कि वे बहुत सावधान लेकिन सहज कवि हैं—बेबसी और करुणा को भी एक हिचक के साथ व्यक्त करते हैं, प्रेम और स्मृति को गैरज़रूरी उच्छ्वासों से बचाते हैं और समाज और राजनीति को भी ऐसी मार्मिकता के साथ देखते हैं जो सिर्फ कविता में सम्भव है। शहरों की सड़कों से गुजरते हुए वे जैसे उनकी आत्मा तक पहुँच जाते हैं। गया और मोतिहारी पर उनकी अलग-अलग कविताएँ नितान्त पठनीय हैं।

पाकिस्तान जाकर हैरान होते हैं कि कैसा बिदेस है जो देस जैसा लगता है और पूछने पर अपना पुश्तैनी घर हड़प्पा बताते हैं।

सरलता और सादगी का मतलब इकहरापन नहीं होता, यह अरुण कमल की कुछ बेजोड़ कविताएँ बताती हैं। इत्तिफाक से, या शायद, सहज ही, इनका वास्ता

कला और कविता के द्वंद्व से है। 'अमरता की खोज', 'आलोचना पर निबन्ध, और 'अभागा' में अपनी तरह की बीहड़ बहुपरतीयता है जिससे गुजरते हुए विडम्बना बोध से लेकर करुणा तक के कई तार झंकृत होते हैं—'*जा तुझे सबकुछ मिलेगा, फिर भी खाली रहेगा तू। पदकों-अलंकारों से लदे वक्ष के नीचे घुटेगी साँस। इतना आसान नहीं है कवि होना।*'

यह अरुण कमल की केवल अपनी धार है, और भी धाराओं से साझा करती हुई। उनमें कई जगहों पर नागार्जुन का बीहड़ तत्त्व दिखता है, कहीं-कहीं केदारनाथ सिंह की ऐन्द्रीयता भी। लेकिन सबसे ज़्यादा साझा वे समकालीन स्वरों से करते हैं—उनमें कुछ जगहों पर मंगलेश डबराल की उदात्त मनुष्यता है (तलवे की छाप, वापस, पुरातन), कुछ जगहों पर वीरेन डंगवाल का अनगढ़ अनूठापन (नदी और नाला, चकले का मालिक, खुली मुट्ठी), कहीं-कहीं राजेश जोशी की अचूक दृष्टि (दूसरा आँगन, किसकी ओर से) और कहीं-कहीं विष्णु नागर का व्यंग्य से विडम्बना तक का बोध (एक कलावादी प्रस्ताव, योग)।

इन सबको जोड़ते हुए और उसमें अपना रंग मिलाते हुए, एक देशज ठाठ के साथ बनते हैं कवि अरुण कमल—और अपनी मृदुता में जब वे गुस्सा फेंटते हैं तो एक झन्नाटेदार कविता सामने आती है—'*जब वह गुंडा प्राचार्य मान बहादुर सिंह को/उनके कक्ष से खींच घसीटे जा रहा था/तब हज़ारों विद्यार्थी जमा थे चारों तरफ/और वह गुंडा अकेला था और मान बहादुर अकेले/कामरेड सुधीर ने घटना बताते हुए कहा था/अगर सब लोग केवल थूक देते एक साथ/तो गुंडा वहीं डूब जाता। यही तो कहते रहे कवि मान बहादुर जीवन भर/पर कितना कम थूक है अब इस देश के कंठ में।*'

**मैं वो शंख महाशंख : अरुण कमल (दैनिक भास्कर : 1 जून 2012)**

# कविता में सम्भव होता यथार्थ

यह कहना पर्याप्त नहीं कि विष्णु खरे का कविता संसार निरे वर्तमान को साधने की जिद और व्यापक काल परिप्रेक्ष्य को ओझल न होने देने की समझ के साझा तनाव से बनता है। जीवन, समाज और दुनिया की अनगिनत बेचैनियों से उपजे कई दूसरे तनाव भी इन कविताओं को समृद्ध करते हैं। आम तौर पर हिन्दी कविताओं में समय छाया की तरह आता है, अनुभव या स्मृति या कचोट की तरह, धुँधली रोमानियत से लैस, लेकिन विष्णु खरे को यह धुँधला वर्तमान मंजूर नहीं। उन्हें बिल्कुल ठोस और दैनिक समय चाहिए—मनुष्यों, जगहों, चीजों और बदलावों की गन्ध से बना हुआ, पसीने, पानी, आँसू और रक्त से भीगा हुआ, आग में जला हुआ—और इस समय को जैसे वे सधे हाथों से एक चिमटे से पकड़ते हैं और अनन्त की एक भट्ठी में डाल देते हैं— काल और अवधि के दरमियान की इसी टकसाल से ढलकर निकलती हैं विष्णु खरे की कविताएँ।

इस अर्थ में उनकी कविता दूरबीन की तरह भी काम करती है और खुर्दबीन की तरह भी। उनके यहाँ बात अक्सर खबर से शुरू होती है और कविता तक पहुँच जाती है। बल्कि जो बाहर खबर होती है, वह भीतर कविता होती है। इस द्वन्द्व को साधने की कामयाबी से जो दूसरे तनाव सधते हैं, वे उनकी कविता को और सुन्दर, सम्प्रेषणीय और मानवीय बनाते हैं। बहिरंग बेहद निर्मम तटस्थता से आकार लेता है तो अन्तरंग गहरी संलग्नता से। समय को इतनी अचूक निर्ममता से पकड़ने की कोशिश में वे कई ऐसे कोनों में कविता देख पाते हैं, जहाँ दूसरे कवियों की अमूमन निगाह नहीं पड़ती। लेकिन यह कविता करने और उसमें कुछ अनूठा करने की कोशिश नहीं, जीवन को उलट-पुलट कर नये सिरे से पहचानने का अभ्यास है जिससे कविताएँ बनती हैं। जीवन की इस समझ से ही उनकी कविताओं का साँचा बना हुआ है और जहाँ यह साँचा उन्हें पर्याप्त नहीं लगता, वहाँ वह इसे अतिक्रमित करने का जोखिम उठाने से भी नहीं चूकते।

उनके काव्य-संग्रह 'काल और अवधि के दरमियान' की कविताएँ उनकी इसी खूबी का प्रमाण हैं। पहली ही कविता गुजरात के राहत शिविर से आती है, वहाँ पैदा हुए पन्द्रह बच्चों की तस्वीर लेकर। इस घटना में सरलीकृत करुणाओं की अपार गुंजाइशें हैं और किसी एक सुलभ करुणा का हाथ पकड़कर भी एक अच्छी कविता लिखी जा सकती है। लेकिन विष्णु खरे को ऐसे सरलीकरणों की सरहद पता है, वे किसी एक प्रलोभन में फँसने से बचते हैं, और धीरे-धीरे, तनाव में जरा भी अवकाश न देते हुए, वे एक के बाद एक विचार की कई प्रक्रियाओं से गुजरते हुए, अन्ततः महसूस करते हैं कि *'शायद इन्हीं में से कुछ॥ बचाएँगे अपनों को, हम जैसों को, और उस सबको जो बचाने लायक हैं/और शायद बनाएँगे वह/जो जला दिया जाता है, मिटा दिया जाता है फिर भी बार-बार बनता है/जन्मता हुआ।'*

लेकिन थोड़ी बेबसी और थोड़ी उम्मीद से भरे इस निष्कर्ष तक पहुँचने से पहले वे कई घुमावदार यात्राएँ भी करते हैं, जिनमें एक यात्रा पश्चाताप और अपनी जवाबदेही के अहसास की भी है– *'इनकी माँओं के सामने चुपचाप खड़ा रहूँ गुनहगार/गान्धारी के सामने किसी नखजले विजेता के हिमायती की तरह...।'*

विष्णु खरे की कविता का सबसे बड़ा मूल्य इसी तथ्य में निहित है। वे कविता की किसी एक आकर्षक भंगिमा या मुद्रा के फेर में नहीं पड़ते, किसी एक चमकदार बात को लपककर उसे प्रस्तुत करने की जल्दी नहीं दिखाते, किसी संवेदनशील नजर आने वाले सिरे को पकड़कर भी खुश नहीं हो लेते, वे धीरज से, किसी एक अनुभव के चारों तरफ चक्कर लगाते हैं, उसके कई सम्भव और असम्भव रूपों को, उसके आसपास की स्थितियों को पकड़ते हैं और तब जाकर उनकी कविता पूरी होती है–कभी-कभी वह लम्बी भी जान पड़ती है, कभी-कभी उसमें एक से ज्यादा मोड़ आते दिखाई पड़ते हैं, लेकिन अन्ततः वह उनकी कविता होती है, बहुत सख्ती से लिखी गयी, बिल्कुल खबर वाली सादगी और दोटूकपन के साथ आगे बढ़ती हुई। उसके नियमित पाठक उसे कहीं भी पहचान सकते हैं और अनियमित पाठक चकित हो सकते हैं कि एक कवि ऐसे चालू या फिर नितान्त असम्भव लगते विषयों पर कविता कैसे लिख सकता है। कुछ उदास और नाराज भी हो सकते हैं कि यह कविता का कोई ढंग नहीं है। 'स्वर्ण जयन्ती वर्ष में एक स्मृति' और 'गाँधी-नेहरू पविार से मेरे रिश्ते', 'पृथक छत्तीसगढ़ राज्य', 'अपने-आप और बेकार', '1991 के एक दिन', 'काम' और ऐसी ढेर सारी कविताएँ हैं जिन पर विष्णु खरे की टकसाली छाप है।

यह अचरज की बात है कि उनकी कथा-वस्तु में जितना फैलाव है, जितनी विविधता है, उतनी उनके शिल्प में नहीं। बल्कि ज्यादातर कविताओं का लहजा एक ही है–शायद इसलिए कि वह कविताओं से ज़्यादा जीवन को देखने का लहजा है और इसमें कवि विष्णु खरे कोई मुरव्वत नहीं करते। बल्कि जिन बहुत कम कविताओं का शिल्प निहायत भिन्न है–'प्रतिसंसार' या फिर 'ला दोल्चे वीता'–या

जिन कविताओं का भाषिक मिजाज बेहद अलग है—'बिनाशग्रस्त इलाके से एक सीधी टीवी रपट' या 'अग्निरथोवाच,' उनमें भी विष्णु खरे की मौजूदगी को पहचानना मुश्किल नहीं है।

इस लिहाज से विष्णु खरे हिन्दी के अनूठे कवि हैं। थोड़ा-सा कम मुक्तिबोध, थोड़ा-सा कम रघुवीर सहाय और थोड़ा-सा कम मंगलेश डबराल को मिलाकर जो रसायन बन सकता है, वह विष्णु खरे के कवि का निर्माण करता है। काल और अवधि को संयोजित करने वाली उनकी बाइफोकल यूएसपी इसमें अलग से जुड़ती है जो उन्हें निहायत पठनीय कवि बनाती है। समकालीन कविता के परिदृश्य में उनकी मौजूदगी सबसे अलग है, दूर से पहचानी जाती है और शायद युवा पीढ़ी पर उसका गहरा असर भी है। उनके लहजे को अपनाना दुश्वार है, लेकिन उनसे प्रभावित होकर लिखने वाले लोग कई हैं जिन्होंने जीवन के बीहड़ कोनों में उतरकर कविता को खोजने का साहस उनसे पाया है।

लेकिन एक सवाल बचा रहता है? वह कौन-सी चीज है जो इस बेहद महत्त्वपूर्ण कवि को हिन्दी कविता की परम्परा का शीर्षस्थानीय नहीं होने देती? निराला, प्रसाद, मुक्तिबोध, अज्ञेय, नागार्जुन, रघुवीर सहाय या शमशेर के बीच विष्णु खरे को बैठाते क्या हम कोई संकोच महसूस करते हैं? इसका एक सरल उतर तो हिन्दी भाषी लेखक और आलोचक समाज की उस प्रवृत्ति में खोजा जा सकता है, जो अपने समकालीन व्यक्तित्वों को बहुत सम्मान न देने की कुंठा की मारी है। लेकिन क्या इस उत्तर के कुछ बीज विष्णु खरे की अपनी कविता के भीतर भी निहित हैं? अनुभव, प्रामाणिकता, ज्ञान और इन सबसे अर्जित संवेदना बेहद मूल्यवान होती है, वह बेहद मूल्यवान कविता भी रचती है। लेकिन क्या उसकी एक सरहद भी नहीं होती, जिसके बाहर का काफी कुछ उससे छूट जाता है?

मिसाल के तौर पर 'छत्तीसगढ़ अलग राज्य' पढ़ते हुए क्या झारखंड या छत्तीसगढ़ के उस आदमी को, जिसने लम्बे समय तक शोषण और लूट का चक्र देखा और भोगा है, यह महसूस नहीं होगा कि विष्णु खरे की कविता में उसके हिस्से का यथार्थ दर्ज नहीं है या फिर उस पर अभियोग तो हैं, लेकिन उसका बयान शामिल नहीं है? यह फिर 'वृन्दावन की विधवाएँ' पढ़ते हुए ऐसा नहीं लगता कि काल, कृष्ण और कालिन्दी के बीच विधवाओं के दुख को किसी महावृतान्त सरीखी उदात्तता देने के यत्न में कवि ने वर्तमान की उस निरीह, अगेय और अनाकर्षक यातना को बहुत तवज्जो नहीं दी जिससे वृन्दावन में आज का वैधव्य बनता है और जो इस प्रथा पर एक तीखी टिप्पणी की तरह आता है? या फिर 'हर शहर में एक बदनाम औरत रहती है' जैसी कविता अपने अनूठेपन के बावजूद वह स्त्री-दस्तावेज नहीं बनती जो कोई बदनाम औरत अपनी उम्र के आर-पार पसरे चिन्दी-चिन्दी अनुभवों को जोड़कर बना सकती है तो क्या इसके पीछे अपने अनुभव की प्रामाणिकता की देहरी के बाहर न

जाने की सायास सजगता है? ये उत्तर नहीं, प्रश्न हैं—इस तथ्य की ओर ध्यान खींचने की कोशिश कि यथार्थ, अध्ययन, प्रामाणिकता, जीवन की बहुपरतीय समझ और संवेदना के साथ-साथ कोई एक और तत्त्व है जो कविता को बड़ा बनाता है—निराला की बौद्धिकता पर संशय हो सकता है, उनकी कविता पर नहीं। निश्चय ही विष्णु खरे में वह तत्त्व, वह कौंध है, जहाँ वह कौंध दिखती है, वहाँ एक बड़ी कविता सामने आती भी है, लेकिन ज्यादातर जगहों पर उनकी कविता दूसरे तत्त्वों से ज्यादा बनती है। यह शायद विष्णु खरे की शक्ति भी है और सीमा भी। उनमें अपनी तरह की केन्द्रीयता है, लेकिन उनकी निगाह उस जटिल यथार्थ पर लगातार जमी रहती है जो हमारे आसपास के समय को बना और बदल रहा है। 'लाइब्रेरी में तब्दीलियाँ' सिर्फ पुस्तकालय के भीतर आ रहे बदलाव का बयान नहीं है वह अपने आसपास बदल रही दुनिया का भी किस्सा है—उस किस्से के सरोकार देखिए कि उसमें वह उनींदी वेश्या भी चली आती है जिसका पुस्तकालय से नहीं, अपने कारोबार से सरोकार है। उनकी एक कविता के भीतर कई कविताएं छुपी होती हैं, एक पाठ के भीतर अनेक पाठ मौजूद होते हैं। क्योंकि जीवन भी शायद ऐसा ही है, कई-कई जीवन उसमें दाखिल होते हैं और उसे बनाते—उससे बनते हैं। अनूठे अनगढ़ कोनों में झाँकना, नामुमकिन लगने वाले विषयों पर कविता लिखने की कोशिश करना हिन्दी के कई कवियों का शगल है। लेकिन ये कोने अपनी सहजता से चले आयें, अनगढ़ता प्रयत्न का नहीं, सहज दृष्टि और सरोकार की पकड़ का नतीजा लगे, यह बहुत कम कवि सम्भव कर पाते हैं। रघुवीर सहाय और अज्ञेय की मुलाकात पर कविता शायद कहीं और सम्भव नहीं हो पाती। यह वह चीज है जो उन्हें एक निहायत भिन्न आस्वाद और गढ़न के कवि नागार्जुन के कुछ करीब लाती है।

विष्णु खरे को पढ़ना एक सुखद काम है। उससे अपने समृद्ध होने का अहसास भी जागता है और कई चीजों के प्रति नये सिरे से विचार करने का विवेक भी। हम उनकी कविता पढ़ते हुए अपने आसपास के यथार्थ के प्रति कुछ ज्यादा सजग हो जाते हैं, अवधि में निहित काल के प्रति कुछ ज्यादा संवेदनशील। अब आखिरी बात—एक बहुत अच्छी किताब के प्रकाशन में लापरवाही क्या क्षम्य मानी जानी चाहिए? इस काव्य संग्रह का नाम ऊपर के कवर पर 'काल और अवधि के दरमियान' है तो भीतर के कवर पर 'काल और अवधि के दरम्यान।' अब विष्णु खरे ही बताएँ कि दरमियान खरा है या दरम्यान?

**काल और अवधि के दरम्यान : विष्णु खरे (जनसत्ता : 2 नवम्बर, 2003)**

# आत्मा में धँसा संशय

ज्ञानेन्द्रपति की कविताएँ बहुत धीरज की माँग करती हैं। इस बेतहाशा भागते हुए समय में काव्य-संवेदना उनकी दुकान में रखा ऐसा सामान नहीं है जिस पर तुरन्त नजर पड़ जाये और जिसे आप दिखाकर कह सकें कि यह चीज आपको चाहिए। उनके बारीक और लम्बे ब्योरों के बीच वह संवेदना धीरे-धीरे विकसित होती है, और इतने ठोसपन के साथ कि वह पाठक को बेचैन करती है। कई बार उसे पता नहीं चलता कि कवि कहाँ ले जाना चाहता है, कई बार इच्छा होती है कि कविता के इस बीहड़ से वह उँगली छुड़ाकर भाग जाये, लेकिन कोई चीज है इन कविताओं में जो इस इच्छा को स्थगित करती है और धीरे-धीरे एक ऐसी दुनिया में ले चलती है जहाँ वह इन कविताओं को, इनसे बनती दुनिया को, और खुद अपने-आपको भी नये सिरे से पहचानता हुआ पाता है। उनके चौथे कविता संग्रह 'संशयात्मा' से गुजरते हुए यह अनुभव बहुत साफ ढंग से पकड़ में आता है।

शायद एक तरह की ईमानदारी इन कविताओं की ताकत है—कवि जो महसूस करता है, वह लिख रहा है। यह महसूस करना दरअसल वह पहली प्रतिक्रिया नहीं है जो चीजों को देखकर मन में आती है। वरना हर कवि जो महसूस करता है, वही लिखता है। ज्ञानेन्द्रपति के यहाँ महसूस करना भी एक प्रक्रिया का हिस्सा है—जो दिख रहा है और घट रहा है उसको ठीक-ठीक समझने की कोशिश करना, उससे बिना घबराए आँख मिलाना और फिर बिना संकोच उसे कह देना। यहाँ उस ईमानदारी का मतलब खुलता है जो ज्ञानेन्द्रपति के यहाँ हैं। यह सिर्फ अपनी संवेदनाओं को व्यक्त करने की ईमानदारी नहीं है, बल्कि समाज को और दुनिया में ठीक से पहचानने की कोशिश करने से पैदा हुई ईमानदारी है। शायद यही कोशिश कवि को 'संशयात्मा' बनाती है—उनके अपने विश्वास हैं, लेकिन वे किसी संशयविहीन जड़ता के शिकार नहीं हैं। उन्हें पता है कि 'इस बीच जिस/सड़क पर/तुम नहीं चले हो/समय का बूढ़ा बैल चला है/...नित नयी जिसके हल की फाल/खींचती सड़कों की रेख'।

ऊपर के उद्धरण के दो मकसद हैं। एक तो यह बताना कि समय के बूढ़े बैल

द्वारा जमीन पर बनाये जा रहे नये चिह्नों के प्रति कवि सजग है। दूसरी बात यह कि वह उद्धरण हमें ज्ञानेन्द्रपति के बिम्बों की दुनिया में ले चलता है—उस दुनिया में जिसमें गँवई संवेदना का रसायन बहुत गाढ़ा है। ज्ञानेन्द्रपति पूरी तरह जैसे गाँव के कवि हैं—वे उसके बदलावों को, उसके ठहरावों को, उसकी उदासी को, उसके अभावों को इतने ब्योरे से उकेरते हैं जैसे कोई अपने टूट-बन, ढह-बदल रहे घर की दास्तान सुना रहा हो। शहर इन कविताओं में आता है—इसकी जगह यह कहना ज्यादा उचित होगा कि ये कविताएँ शहर जाती हैं—अपनी गँवई आँखें और अपना गँवई कौतूहल लिए। समय के बूढ़े बैल द्वारा खींची गयी रेख देखते-देखते ये कविताएँ देखती हैं कितना बदल गया है उनके गाँव का घर, शहर से मैदान मारने की होड़ में किस तरह मिट गये हैं मैदानों वाले गाँव। फिर वे शहर आती हैं और बिड़ला का तारामंडल देखती हैं, घड़ियों की होड़ देखती है और देखती है मधुबनी पेंटिंग—अरे, ये तो अपनी हैं, इनसे बात की जा सकती है।

ज्ञानेन्द्रपति की कविता गाँव का विलाप या शहर का सन्ताप भर नहीं है। गाँव-शहर के बीच आवाजाही करते कवि की दुनिया कई तरह से दुरूह है। उनमें जैसे सारी दुनिया को कविता में बदल देने की बेचैनी है—कुछ हद तक बेताबी भी—जिसकी वजह से दुनिया का बेडौलपन कविताओं में भी रिसता नजर आता है। अपने गँवई अन्दाज और उल्लास में अपनी खास तरह की शास्त्रीय छाँक मिलाते वे कुछ-कुछ नागार्जुन की याद दिलाते हैं—उस कवि की जो न गाँव को भूला है और न शहर से आक्रान्त है। लेकिन नागार्जुन की अनायासता ज्ञानेन्द्रपति का गुण नहीं है, उनकी काव्य दृष्टि में यात्री वाली बीहड़ता जरूर दिखती है, मगर नागार्जुन वाला अचूकपन नहीं जो इस बीहड़ के आर-पार जाने का रास्ता बनाये। एक-दूसरे स्तर पर वे एक अधूरे मुक्तिबोध जान पड़ते हैं—'आत्मा के शिकारी', 'एक विज्ञापन पट', 'जलने नहीं उजलने दो' और 'युद्ध के विरुद्ध' जैसी कविताओं में एक तरह का आत्मसंघर्ष दिखाई पड़ता है। इत्तिफाक ही कहें कि इन कविताओं का भाषिक मिजाज भी मुक्तिबोध की कविताओं की याद दिलाता है। लेकिन विनोद कुमार शुक्ल की लम्बी कविताओं की तरह ज्ञानेन्द्रपति की ये कविताएँ भी अन्ततः यही साबित करती हैं कि मुक्तिबोध कितने बड़े कवि हैं। दरअसल ज्ञानेन्द्रपति की खूबी और खामी दोनों एक है—हर अनुभव और हर विचार को कविता में बदल डालने का साहस—कहीं-कहीं व्यग्रता की हद को छूता हुआ। उनके यहाँ इतने विषयों पर कविता मिलती है और इतने ब्योरों में मिलती है कि पाठक इस नगर में घूमता-घूमता थक जाये। उस पर संकट यह कि इस कविता के अनगिनत पथ-चौराहे बाहें फैलाये नहीं मिलते—उन्हें इस विराट जंगल में खोजना पड़ता है, एक-एक लता हटाकर देखना पड़ता है कि आगे कोई रास्ता है या नहीं, एक-एक पत्थर के पार झाँकना पड़ता है कि उस तरफ कोई रास्ता है या नहीं। ऐसे लुके-छुपे कोनों में अनायास दिख पड़ने वाली कविता ज्ञानेन्द्रपति का सर्वश्रेष्ठ है—यहाँ उनका कोई सानी नहीं। दरअसल यही छुपी हुई खासियत है जो उन्हें हिन्दी में अपनी तरह का एक विशिष्ट कवि

बनाती है—ढेर सारे सामान, बर्तनों और मसालों से अटे पड़े किसी रसोईघर में स्वाद का वह अदृश्य कोना जो जैसे हर तरफ छाया रहता है। ज्ञानेन्द्रपति की कविताओं का अपना स्वाद है जिसका पहले आप पीछा करते हैं, उसे डब्बा-डब्बा तलाशते हैं, फिर कहीं पाते हैं और कहीं नहीं पाते हैं।

दो मामले ऐसे हैं जहाँ ज्ञानेन्द्रपति से कुछ शिकायत करने और कुछ सवाल पूछने की तबीयत होती है। एक तो ज्ञानेन्द्रपति जो भाषा इस्तेमाल करते हैं उससे तुकतान बिठाना आसान नहीं है। एक स्तर पर यह बहुत समृद्ध भाषा है—कहीं लोकराग के ठेठ ठाठ से युक्त तो कहीं तत्समनिष्ठ शास्त्रीयता को छूती हुई। यानी जिसे खड़ी बोली की परम्परा कहते हैं, उसके कई स्वर और रूप यहाँ हैं। लेकिन एक अन्य स्तर पर यह भाषा अवरोध खड़े करती है। ऐसा लगता है जैसे ज्ञानेन्द्रपति कविता में भाषा से खेल रहे हैं। यहाँ मुराद लीलाधर जगूड़ी की तरह के खिलवाड़ से नहीं है जहाँ कई बार भाषा की चमकार कविता का रंग गाढ़ा करती है और उसमें नये अर्थ भी पैदा करती है। यह खेल न ज्ञानेन्द्रपति के पास है न उसकी उनको दरकार है—क्योंकि उनके अपने खेल हैं और अपना अन्दाज है। इस अन्दाज से शिकायत तब होती है जब हम पाते हैं कि उनकी भाषा अनावश्यक चमत्कार पैदा करने की कोशिश में, या मुमकिन है, बेखबरी में कई ऐसे शब्द गढ़ने में लग जाती है जो कविता में गुमड़ की तरह दिखाई पड़ते हैं। दूसरा सवाल इन कविताओं से निकलने वाले राजनीतिक वक्तव्य से जुड़ा है। यह मूलतः वह राजनीतिक वक्तव्य है जो सत्तर और अस्सी के दशकों की शोषक-शोषित वाली कुछ सपाट और कुछ ईमानदार राजनीतिक समझ से निकला है—नब्बे के दशक और नयी सदी के मुद्दे इसमें हैं लेकिन उन्हें देखने वाला चश्मा पुराना है। सिर्फ पुराना होने की वजह से यह अप्रासंगिक हो, यह जरूरी नहीं—आखिर बुनियादी मुद्दे और सवाल और उन्हें देखने का ठोस नजरिया तो वही है जो ज्ञानेन्द्रपति रख रहे हैं। लेकिन फिर भी कहीं-कहीं यह लगता है कि वह कविता राजनीतिक विचार और शैली की बदलती संस्कृति और प्रवृत्ति को, उसके श्वेत-श्याम के बीच घुले-मिले धूसर रंग को, नयी राजनीतिक विडम्बनाओं और विवशताओं को उनकी पूरी बारीकी से पहचानने से रह जाती है। बहरहाल, ज्ञानेन्द्रपति राजनीतिक कवि नहीं हैं, वे हमारे समय में ऐसी मनुष्यता के कवि हैं जिसकी पीठ पर वक्त लगातार चाबुक बरसा रहा है लेकिन जो घुटने टेकने से फिर भी इनकार कर रही है। ज्ञानेन्द्रपति की कविता में पिटने की यह तकलीफ और बोलने का साहस—दोनों प्रत्यक्ष हैं और कई-कई रूपों में व्यक्त होते हैं। उनकी अभिव्यक्ति में मनुष्यता का तना हुआ माथा पहचान में आता है—वही दृढ़ हनु और तेजोप्रभावमय ललाट वाला, जिसे मुक्तिबोध ने कभी 'अब तक न पायी गयी मेरी अभिव्यक्ति' की संज्ञा दी थी।

**संशयात्मा : ज्ञानेन्द्रपति (सहारा समय : 15 जनवरी, 2005)**

# कृपया आप मुझे मनुष्य ही समझें

सुपरिचित कवि विष्णु नागर की काव्य यात्रा के उन पड़ावों को पहचानना दुष्कर नहीं है जिनके बीच उनकी कविता बार-बार बदली और उन रूढ़ियों से मुक्त हुई है जिनसे हिन्दी कविता का पारम्परिक आस्वाद बनता है। करीब तीस बरस पहले आया उनका पहला काव्य-संग्रह 'मैं फिर कहता हूँ चिड़िया' सारी सम्भावनाओं के बावजूद अपने विन्यास और अपनी संवेदना में एक सामान्य संग्रह ही था जिसमें यथार्थ की एक आश्वस्तिदायी खोज अपनी सुकुमार चमक के साथ दिखायी पड़ती थी और कवि भरोसे के साथ कहता था कि 'चिड़िया अक्सर बड़ी होती है अपने घोंसले से।' वहाँ से चली काव्य यात्रा नब्बे के दशक की शुरुआत में प्रकाशित उनके संग्रह 'बच्चे पिता और माँ' तक आते हुए भी एक सहज आशावाद से बँधी है—'सबसे अच्छी कविता/विकल कर देगी/मुक्ति के लिए/सबसे अच्छी कविता/सबसे अच्छी बन्दूक का/सबसे बुरा छर्रा साबित होगी' और 'कवि हैं/तो/आशा से कैसे बचेंगे।'

लेकिन इक्कीसवीं सदी के निरन्तर जटिल होते परिदृश्य तक पहुँचते-पहुँचते कवि की आवाज बदल जाती है। 'कुछ चीजें कभी खोई नहीं' में पुराने आशावाद की जगह वह निपट यथार्थ चला आता है जिसे शायद अपने समय की अचूक पहचान है। यहाँ बम को बम की तरह नहीं, फूलों की तरह देखने का सबक है और महाकवि बनाने के धन्धे में लगी बाजारू आलोचना का उपहास है। निश्चय ही 2001 में प्रकाशित इस संग्रह में विष्णु नागर की पुरानी ढिलाइयाँ नहीं थीं—वे शायद पहली बार हिन्दी के एक महत्त्वपूर्ण कवि के तौर पर इतनी प्रखरता से सामने आये।

और अब प्रकाशित उनका नया कविता संग्रह 'हँसने की तरह रोना' हिन्दी में उन्हें एक भिन्न आवाज के कवि के तौर पर स्थापित करता है। ऐसा दिखता है कि व्यंग्य और विनोद के लहजे में जिन चीजों को पकड़ने की कोशिश वे अरसे से करते रहे, उनकी सही पहचान और पकड़ उन्हें इस संग्रह में जाकर हुई है। इस बीच बदलाव समय और संवेदना में भी आया है और इसी का नतीजा है एक निर्मम

काफ्काई दृष्टि जो नितान्त भारतीय परिस्थितियों में मनुष्य के उस डरावने कायान्तरण को पहचान पाती है जो जोरशोर से घटित हो रहा है लेकिन जिसे देखने की फुरसत किसी के पास नहीं है। उनके पिछले संग्रह की वह बस यहाँ नहीं है जिसे ड्राइवर बूढ़ों को चढ़ाने के लिए धीमी करता है और जिसमें कंडक्टर बच्चों के साथ खेल में मगन हो जाता है। इस संग्रह में तो बाजार द्वारा जिबह होने और उपभोक्तावाद के तन्दूर में पक कर एक लजीज व्यंजन बनने को बेताब एक 'बेहतर नस्ल का मुर्गा' मिलता है जिसकी इल्तिजा सिर्फ इतनी है कि 'कृपया आप मुझे मनुष्य ही समझें।'

यह संग्रह की पहली कविता है। संग्रह की दूसरी कविता बताती है कि यह मनुष्य 'आदमी नहीं रहा था, मशीन बन चुका था/इसलिए वह थकता नहीं था/गर्म जरूर हो जाता था/वह बीमार नहीं पड़ता था/खराब जरूर हो जाता था।' यह वह आदमी है जो पहले काम करता था, अब उत्पादन करता है।

मनुष्य के कम मनुष्य होने की, उसके रूपान्तरण की ऐसी कई कथाएँ बिना किसी भावुक बयान के, जैसे किसी अखबारी तथ्य की तरह, इस संग्रह में दर्ज हैं और इनसे गुजरते हुए सहसा खयाल आता है कि अपने समय की और इस समय के मनुष्य की यह निर्मम चीरफाड़ अन्ततः एक ऐसी करुणा में बदल जाती है जिससे पैदा अफसोस हमारे भीतर देर तक बना रहता है। इस बदलते समय में विष्णु नागर न कविता से कोई उम्मीद बाँधते दिखायी पड़ते हैं न किसी गीली भावुकता या अलक्षित मौन या चुप्पी के अन्तरालों में शरण लेते हैं—अगर उनके भीतर कोई विकलता है तो उसे प्रदर्शन के लिए प्रस्तुत भी नहीं करते—बस कलेजा कड़ा करके अपनी बात कह देते हैं—इनमें वे सचाइयाँ भी चली आती हैं जो अन्यथा नजर नहीं आतीं।

लेकिन यह नाउम्मीद-निर्मम कविता इस संग्रह का अकेला प्राप्य हो, ऐसा नहीं है। विष्णु नागर की कविता की ताकत इस तथ्य से भी बनती है कि वे बने बनाये चौखटों के पार जाकर यथार्थ की अपनी समझ विकसित करते हैं, प्रचलित और दिये गये सत्य को किसी मसीहा की तरह नहीं, मनुष्य की तरह उलटते-पुलटते हैं और अपने हिस्से की हकीकत जानने की कोशिश करते हैं। इसी वजह से वह 'पद पर बैठा शेर' या 'जाल में मछली' जैसी कविताएं लिख पाते हैं—'मेरे जाल में एक मछली फँसी/वह जिस कदर तड़प रही थी/उससे लगता नहीं था कि वह/किसी ईश्वर को याद कर रही थी/वह ठीक कर रही थी/क्योंकि उस वक्त उसका ईश्वर मैं था/और मैं उसे पकाकर खाने की जल्दी में था।'

बेधड़क यथार्थ बोध और उतने ही प्रखर विडम्बना बोध से लैस कवि विष्णु नागर का यह पक्ष इतना प्रबल है कि उनकी कविता के दूसरे पक्षों को भुला देने का खतरा उठ खड़ा होता है। लगता है जैसे विष्णु नागर का कवि व्यंग्य और विद्रूप के इसी गुण सूत्र की सन्तान हो। लेकिन संग्रह के बाद की कविताएँ याद दिलाती हैं कि कोमलता और संवेदना से ही इन कविताओं की मूल जीन बनती है। दरअसल बहुत सारी विधाओं में एक साथ काम करने के कौशल के बीच और बावजूद विष्णु नागर

अगर लगातार कविता की ओर प्रवृत्त होते रहे हैं तो इसीलिए कि बहुत कुछ ऐसा है—इतना कोमल और संवेदनासंकुल—कि उसे कहने-बताने के लिए कविता जैसे माध्यम की जरूरत उन्हें पड़ती है। यह कोमलता कई ऐसी कविताओं को जन्म देती है जिनमें रूमानियत नहीं, लेकिन एक गहरा प्रेम दिखायी पड़ता है। 'कन्फ्यूजन' 'मेरा दिल', 'हम तो ऐसे हैं', 'देखना' और ऐसी कई अन्य कविताओं में अचानक एक बदली हुई आवाज हमारा स्वागत करती है और याद आता है कि यह स्वर तो कवि के पिछले संग्रहों में भी मौजूद रहा है।

लेकिन विष्णु नागर की कविता पर कोई बात तब तक मुकम्मिल नहीं होती, जब तक उसके राजनीतिक मन्तव्यों का जिक्र न हो। खगोलीकरण के खौफनाक विस्तार और हिन्दुत्ववाद के खूनी खेल उनकी कविताओं में आते हैं, विलुप्त नदियों, विलुप्त मन्दिरों, विलुप्त शत्रुओं और विलुप्त मित्रों को खोजती ताकतों के छल दिखायी पड़ते हैं। यहाँ विष्णु नागर के यथार्थ बोध और व्यंग्य बोध मिलकर इस समूची प्रक्रिया की खिल्ली उड़ाते हैं।

दरअसल, विष्णु नागर की कविता में एक प्रक्रिया का विकास देखा जा सकता है। उनकी कविताओं में बेहद शुरू से एक धोखादेह सादगी रही है। बहुत कम मौकों पर वे बड़े-बड़े या उदात्त वाक्य कहने की कोशिश करते हैं या कुछ सुन्दर पंक्तियाँ रचने का प्रयत्न करते हैं—शायद यह उनके वश में भी नहीं—उनकी अभिधा जितनी व्यंजनाओं का वहन कर पाती है, उसी से वे काम चलाते हैं। लेकिन इस सादगी के भीतर छुपा हुआ काव्य मर्म जब पकड़ में आता है तब हम खुद को एक अच्छी कविता के सामने खड़ा पाते हैं। यह कविता अस्त्रों से लैस करने वाली नहीं, निहत्था करने वाली कविता है जो बिना कहे हुए बता जाती है कि अन्ततः सिर्फ मनुष्य होना ही हमारा बचाव है।

अच्छी बात यह है कि पुराने संग्रहों में कई बार जो कच्चापन विष्णु नागर के यहाँ दिखायी पड़ता है, जो फिसलनें, शब्दों की जो फिजूलखर्ची नजर आती है, वह पिछले दो संग्रहों से गायब है। एक सुचिन्तित काव्य विन्यास उनके नये संग्रहों की खूबी है जिसमें कभी-कभी बेहद छोटी कविताएँ भी बड़ा अर्थ दे जाती हैं। 'हँसने की तरह रोना' में भी 'किसी दिन ईश्वर' जैसी कविता उनके शब्द लाघव की तरफ ध्यान खींचती है—'वह ईश्वर के लिए मर-मिटा/क्या ऐसा हो सकता है कि/किसी दिन ईश्वर भी उसके लिए मर मिटे?' यह प्रश्न नहीं, प्रश्न की शैली में एक उत्तर है, यह समझना विष्णु नागर की कविता के मूल तन्तुओं को समझने के लिए जरूरी है। कहा जा सकता है कि बहुत हल्की, न दिखने वाली कोमल संवेदना और बहुत गहरे विद्रूप के बेहद विषम तारों को साधती विष्णु नागर की कविता की आवाज अब अपने लिए अलग-जगह की जायज माँग कर रही है—हिन्दी में विडम्बना की ऐसी व्यंजक अभिव्यक्तियाँ तत्काल किसी दूसरे कवि में याद नहीं आतीं।

**हँसने की तरह रोना : विष्णु नागर (सहारा समय : 30 सितम्बर, 2006)**

# सन्ताप के धागों से बुनी संकल्प की चादर

पंकज सिंह कम लिखते हैं, बहुत सँभाल कर लिखते हैं, अपने लिखे हुए को बार-बार काटते और सुधारते हैं। यह प्रक्रिया शब्द या भाषा के सन्दर्भ में किसी दुविधा या संशय से ज्यादा उस आत्मसंघर्ष की द्योतक है जिसके बीच उनकी रचनाधर्मिता आकार ग्रहण करती है। अन्ततः इस काटपीट की, इस आत्मसंघर्ष की परिणति अक्सर एक ऐसी सुघड़ और सम्पूर्ण कविता के रूप में होती है जिसके विचारधारात्मक निश्चय आरोपित न होते हुए भी बहुत स्पष्ट होते हैं। शब्दों को इस सम्मान और संजीदगी से तपाने वाले और कविता को इस जतन और लगन से तराशने वाले लेखक कम हैं। करीब चार दशकों में फैली उनकी कविता यात्रा अपने समय के साथ उनके संवाद और अपनी विचारधारा पर उनके भरोसे के मेल से पैदा हुई है और इस बात के ढेर सारे साक्ष्य सुलभ कराती है कि ठेठ राजनीतिक कविताओं का भी अपना एक निजी शिल्प होता है—उन्हें नारेबाज़ सरलीकरणों और मुहावरेबाज़ सामान्यीकरणों से बचाकर रचा जा सकता है।

1981 में आता है उनका पहला काव्य-संग्रह, 'आहटें आसपास'। यह देश और दुनिया में गहरे वैचारिक उथल-पुथल का समय है। एक तरफ शीतयुद्ध की लम्बी होती छायाएँ हैं तो दूसरी तरफ तेलंगाना से नक्सलबाड़ी तक के तीखे संघर्ष। हिन्दी कविता में इन सबकी अनुगूँजें बड़ी मुखरता से मौजूद हैं। इमरजेंसी से पहले और बाद के दौर में उपजे सवालों के बीच राजनीति के पाखण्ड से पैदा हुई मायूसी, आन्दोलनों के गर्भ से निकली हुई हताशाएँ और इन सबके बीच किसी प्रतिबद्ध और ईमानदार व्यक्ति का बेचैन अकेलापन, यह उस दौर की कविताओं में खूब दिखाई पड़ता है। पंकज सिंह लिखते हैं,

*'अनगिनत काले घोड़े दौड़ते जा रहे हैं। तमाम दिशाओं में/टापों से धूल के बादल उछालते/रौंदी हुई धरती की आँतों में उमड़ रही है कई तरह की भूख और प्यास/हमारी पलकों पर इकट्ठा हो रही हैं ठण्डी बूँदें/अपनी कविता की साँसों में मुझे*

*बारूद की गन्ध आ रही है।'*

बहरहाल, इसके बाद के बदलाव बहुत तीखे हैं। दुनिया जैसे अपनी धुरी से खिसक चुकी है। शीतयुद्ध खत्म हो चुका है और शीत शान्ति का एक नया दौर अपनी नयी एकध्रुवीय चुनौतियों के साथ सामने हैं। भारतीय राजनीति की चूलें भी हिली हुई हैं। नब्बे के दशक में मंडल और कमंडल के टकराव राजनीति और समाज को बाँटते हैं और इसके बाद भूमण्डलीकरण एक बड़े सांस्कृतिक संकट और सवाल की तरह सामने आता है। इसी दौर में हमें मिलता है पंकज सिंह का दूसरा काव्य संग्रह 'जैसे पवन पानी'। यह एक बदला हुआ दौर है और ज़माने की कविताएँ भी बदली हैं। बड़े पैमाने पर विस्थापन, बेदखली, और नये सिरे से पैदा हुआ पहचान का संकट इस दौर की विरासत है। कवि पहले से कहीं ज्यादा अकेला है। बेचैनी तीखी है और आवाज़ मद्धिम। लेकिन यह कमजोर आवाज़ नहीं है। यह अनेक आशयों, अर्थों और छवियों से भरी हुई आवाज़ है जिसमें हमारे वक्त का अकेलापन कुछ ज्यादा सघन होकर उभरता है। इसी दौर में पंकज सिंह कहते हैं।

*'अब शायद जरूरी है यह जानना कि मैं कौन हूँ/मैं क्यों हूँ इस शहर में अपना घर ढूँढ़ता/और लगातार डूबता साथ-साथ चलती/किसी नामालूम दलदल में।'*

लेकिन पंकज सिंह हताशा के कवि नहीं हैं। उनमें हमारे समय की विडम्बनाएँ, इंसाफ और नाइंसाफी के बीच चलती जंग, कामयाबी के पाखण्ड और नाकामी की हताशाएँ, बड़ी लड़ाइयों के छोटे टकरावों में बदलते जाने की त्रासदी के कई स्तर पढ़े जा सकते हैं। ये कविताएँ लगातार उकसाती हैं कि हम कुछ कहें, लेकिन जैसे कुछ कहना चाहते हैं, पता चलता है कि वे तत्काल हमारी व्याख्या के दायरे से बाहर चली गयी हैं। यह अर्थबहुलता, यह बहुपरतीयता शिल्प के उस बेहद गहरे सधाव का भी नतीजा है जो पंकज सिंह ने इन तमाम वर्षों में अर्जित की हैं—जीने और लिखने की हिकमतें ढूँढ़ते-ढूँढ़ते।

'आहटें आसपास' और 'जैसे पवन पानी' के बाद आया पंकज सिंह का तीसरा काव्य-संग्रह 'नहीं' भी इस सुविदित तथ्य की पुनर्पुष्टि भर करता है कि कविता को लेकर कवि की संवेदनशीलता लगातार अपने कथ्य के लिए नयी और सटीक अभिव्यक्तियाँ सम्भव कर रही है। समय बदला है, कविता भी बदली है, लेकिन इस बदलाव को किसी नितान्त मौलिक बदलाव की तरह पढ़ने का भोलापन पंकज सिंह नहीं दिखाते। उन्हें मालूम है कि न्याय और अन्याय के बीच का संघर्ष और झीना हुआ है, सत्ता और पूँजी के खेल अब ज्यादा बारीक हैं और कई बार उन्हीं हथियारों से लड़े जाते हैं जिनसे कविता लिखी जाती है, व्यक्ति और क्रान्ति के बीच का रास्ता अगर लम्बा नहीं तो टेढ़ा-मेढ़ा जरूर हुआ है। ऐसे में कविता पुराने दौर की सपाटबयानी और क्रान्तिगर्जना से सम्भव नहीं होगी, उसे बहुत सँभलकर दूसरों की

मुद्राएँ पढ़नी होंगी, सत्ता और पूँजी के छल बताने होंगे और व्यक्ति का लगातार छीज रहा भरोसा लौटाना होगा।

दरअसल पंकज सिंह की कविता इसी छीजते भरोसे को लौटाने की जद्दोजहद से बनती है। वे चारों तरफ के छल-छद्मों को लगभग अचूक ढंग से पकड़ने में कामयाब होते हैं और इसके बावजूद अपनी आस्था का निष्कम्प भरोसा जगाते हैं। उन जैसा कवि ही लिख सकता है,

*'दुख और मृत्यु के प्रान्तरों में भी कई तरह की हलचलें हैं/सारी प्यास और तड़प के बावजूद बची हैं उत्सुकता भरी खुशियाँ/धूल और यात्राओं की थकान के बाद/शोक की चितकबरी पथरियों को बजाता/आत्मा तक जो चला आता है रुधिर मिला आँसुओं का जल/उसी से अभिषेक करता हूँ/न्याय के लिए विकल अपनी अनिवार्य वासना का।*

'नहीं' के पृष्ठों पर ऐसे ढेर सारे उद्धरण बिखरे हैं जिन्हें पंकज सिंह के काव्य सामर्थ्य, उनकी वैचारिक प्रतिबद्धता, करुणा और प्रेम के पक्ष में, न्याय और मनुष्यता के पक्ष में उनके संवेदनशील हस्तक्षेप के साक्ष्य की तरह प्रस्तुत किया जा सकता है। लेकिन फिर इस टिप्पणी के उस भाववादी रोमान में खो जाने का ख़तरा है जिससे बचने का उपक्रम करते हुए ये कविताएँ लिखी गयी हैं। लेकिन समझने लायक बातें दो-तीन हैं। एक तो यह कि पंकज सिंह अपनी कविता में निजी से सार्वजनिक तक, व्यक्तिगत से सामाजिक तक, और तत्क्षण और समकालीन से शाश्वत और सार्वकालिक तक इतनी सहजता से आवाजाही करते हैं, वे राजनीति और संस्कृति को और प्रेम और प्रतिरोध को आपस में इस सूक्ष्मता से पिरोते हैं कि अक्सर उनकी कविता एक बड़ा आशय लेकर प्रकट होती है। बिम्बों और रूपकों का एक महीन जाल इस कविता को नयी तरह का स्पन्दन देता है। वे अन्धकार को काटकर बड़ी जेबों वाली पतलूनें सिलना चाहते हैं और चाहते हैं कि ताकतवालों की आँख में आँख डालकर ना कह सकें।

दूसरी बात यह कि पंकज सिंह अपनी सारी नव्यता के बावजूद एक तरह के पुरानेपन से बँधे कवि हैं। हालाँकि वे इस समय को पहचानते हैं, अपने शब्दों से उसकी जटिलता को तार-तार कर, उसे बिल्कुल निर्वसन हमारे सामने प्रस्तुत कर देते हैं, लेकिन अन्ततः उनकी जड़ें क्रान्ति और बदलाव के उसी भरोसे में है जिससे कभी उनकी कविता की सुबह बनी होगी। वे पूँजी और सत्ता के प्रपंचों को पहचानते और उनकी तरफ इशारा करते हैं लेकिन इसके बाद किसी आत्मसीमन में गुम होने की जगह फिर से देखने लगते हैं एक खोया हुआ, लगभग नामुमकिन लगता सपना। यह सपना भी उनकी कविता को बड़ा बनाता है। अक्सर अनायास और कई बार सायास उनके निजी सन्दर्भों वाली कविता में भी उनकी वैचारिकता बेधड़क दाखिल होती है और अचूक ढंग से अपने को व्यक्त करती है। 'शायद वह कवि तेरा' शीर्षक कविता

के अन्त में वे लिखते हैं, *'सन्ताप के धागों से ही बुनता है वह एक चादर/बेहद झीनी/और ढकता है/और अपनी मनुष्योचित पीड़ाएँ/तुम्हारी मुक्ति और अभिमान के लिए।*

एक सवाल अक्सर मेरे भीतर सिर उठता है। इतने सधे शिल्प के बावजूद पंकज सिंह को अपने कई समकालीन कवि मित्रों के मुक़ाबले कीर्ति कम क्यों मिली? क्या इसलिए कि उन्होंने कम लिखा? हम ऐसे कवियों को याद कर सकते हैं जिन्होंने और भी कम लिखा है, लेकिन जिनके हिस्से लोकप्रियता ज्यादा आयी है। क्या इसका वास्ता इस बात से है कि दूसरे कवियों को प्रचार और लोकप्रियता के खेल ज़्यादा आते हैं, पंकज सिंह को कम? यह बात भरोसे लायक नहीं लगती। यह पंकज सिंह की क्षमता पर ही नहीं, आम पाठक की समझ पर भी सवाल उठाना है। तो क्या पंकज सिंह की कविता अपने भीतर कहीं इसका जवाब देती है?

दरअसल ऐसे जवाब आसान नहीं होते। अच्छी कविता के निकष सपाट नहीं होते, न अन्तिम होते हैं। कम से कम लोकप्रियता तो उसका पैमाना नहीं हो सकती। फिर भी क्या यह पूछा जा सकता है कि कहीं पंकज सिंह का शिल्प ही, कहीं उनके शब्दों का सधाव ही उनकी सीमा तो नहीं? क्या पाठक कविता से किसी ऐसी अनगढ़ता की उम्मीद करता है जो उसके सामने झमकती हुई-सी आये और उसे कुछ नया कर जाये? कोई ख़याल, कोई सवाल, कोई दुख इतना गहरा, तरल और पारदर्शी बनकर आये कि उसे पढ़ने वाला उसमें अपनी आत्मा की परछाई देख सके? कविता में कुछ ऐसा हो जो रचा न गया हो लेकिन रचे हुए से बड़ा निकले?

आखिर कविता शब्दों से बड़ी होती है, यह पंकज सिंह खुद समझते और बताते हैं। हुनर और कौशल के दोहरे खेल की असलियत वे जगह-जगह खोलते हैं। कहीं *लिपी-पुती भाषा का सच दिखता है तो कहीं यह खयाल कि वहाँ पहले से भी ढेर सारा नकलीपन था जो कला हुआ जाता था कौशल से।*

हालाँकि यह लिखने का मतलब यह नहीं कि पंकज सिंह सिर्फ अपने कौशल से कला बना रहे हैं। जो कवि इतनी बारीक और मार्मिक अभिव्यंजनाएँ सम्भव कर रहा है, वह सिर्फ कौशल नहीं दिखा रहा, अपनी आत्मा के जल से, उसकी स्याही से भी लिख रहा है। कीर्ति हमेशा श्रेष्ठता का साक्ष्य नहीं होती, कई बार उसके रास्ते में भले चली आये। हमने कई कवियों को आने वाले दिनों में अपनी कीर्ति को दुहराते देखा है, नयी कविता सिरजते नहीं। पंकज सिंह अगर नये बने हुए हैं, लगातार रच रहे हैं, ध्वनियों और अर्थों के बीच मर्म के नये अन्तराल निकाल रहे हैं तो इसलिए कि उनके कवि पर अभी कीर्ति की वैसी धूल नहीं है जिससे आँखें मुँद जायें, मगन हो जायें।

कई अच्छी कविताएँ इस संक्षिप्त चर्चा में छूट गयी हैं। वे कई सन्दर्भ अनदेखे रह गये हैं जिनसे पंकज सिंह की कविता नये इलाकों में दाखिल होती है। सुनामी और गाड़िए जैसी कविताएँ, या स्त्री सम्बन्धी उनकी कविताएँ तत्काल याद आती

हैं। यह समझ में आता है कि अन्ततः उनकी कविता मनुष्यता के साहस, संकल्प और संघर्ष की कविता है। इच्छाएँ नाम की कविता को उनके घोषणापत्र की तरह पढ़ा जा सकता है– *'मिट्टियों में हवा में आकाश में जल में जड़ें फूटें/मेरी स्वप्नतरू कविता की/अजेय उज्ज्वलता में हो/मेरी आत्मा की प्रदीर्घ मानवीय लय/बसेरा करें उसमें/मुक्ति की लालसाएँ और उद्यम/प्रेम के लिए हो वह पारदर्शी और आर्द्र/संघर्ष में उत्तप्त/और इस कदर ज्वलनशील/कि राख हों बिछें अमंगल की छायाएँ कोटि-कोटि।'*

**नहीं : पंकज सिंह (पूर्वग्रह 129 : अप्रैल-जून, 2010)**

# सहने-रहने और कहने के बीच

जिस कवि ने अपने लेखन की शुरुआत सत्तर के दशक में की हो, उसका पहला कविता संग्रह इक्कीसवीं सदी के पाँच साल बीत जाने के बाद आये तो माना जा सकता है कि कविता कवि के लिए कम से कम यश का उद्योग नहीं है। वैसे यश कवि को मिलता रहा है, इस बात का प्रमाण यह सच्चाई भी है कि किसी कविता-संग्रह के बिना भी मनमोहन समकालीन कवियों और कविताओं की चर्चा के बीच लेखकों, पाठकों को याद आते रहे हैं। उनकी कविताओं के छोटे-से संसार में ऐसा कुछ है जो हिन्दी पाठकों को अपनी ओर आकृष्ट करता है—शायद उस समय की अनुगूँज, जिसके घात-प्रतिघात में हमारा वर्तमान बन या बिगड़ रहा है या फिर वह संवेदना, जो हिन्दी कविता में अगर दुर्लभ नहीं तो कम जरूर हुई है और जिसे हमारे समाज की बहुत सारी नयी चीजें बुरी तरह क्षतिग्रस्त कर रही हैं। मनमोहन के इस पहले कविता-संग्रह 'जिल्लत की रोटी' का पहला पाठ इस बात की तरफ ध्यान खींचता है कि अपने समकालीन कई कवियों के मुकाबले उनमें सादगी और सधाव ज्यादा है। उन्हें पता है कि शब्दों में उनका समय है, उनकी याददाश्त। जो पाया है वह शब्दों में है, जिसे खो और खरच दिया यह भी शब्दों में है, लेकिन यह बात भी वह बहुत सँभलकर कहते हैं। कहीं से नहीं लगता कि वे शब्द की सत्ता का निर्माण कर रहे हैं। शब्द, बस एक सहचर उपस्थिति है, एक आईना, एक खोल, एक जगह जो कभी खाली हो जाती है, कभी भर जाती है और वे जगहें भी, जो न जाने कब से खाली पड़ी हैं। इसीलिए ऐसा होता है कि एकान्त और तकलीफ के बीच कई बार 'शब्द नहीं/कोई चेहरा याद आता है/या कोई पुरानी शाम/और आप कुछ देर/कहीं और चले जाते हैं रहने के लिए।'

शब्द कविता के लिए नहीं, कहने के लिए होते हैं। इसीलिए मनमोहन कविताई कम करते हैं, घन गर्जनाएँ उनके यहाँ नहीं हैं। सहज संयत और अपने आप से बतियाती हुई भाषा है, जिसमें कविता शब्दों के बीच और बाहर बनती है। वे सहते

ज्यादा हैं, कहते कम हैं। लेकिन सहने और कहने के बीच जो एक जाना-पहचाना मर्म बनता है, उसे वे अपनी बेहद चौकस दृष्टि से कहीं ज्यादा बड़ा अर्थ और सन्दर्भ देते हैं। इस लिहाज से संग्रह की 'आसानियाँ और मुश्किलें' कविता उनकी बौद्धिक प्रखरता और काव्य सामर्थ्य से परिचित कराती हैं—'न कहना आसान है/और कहना मुश्किल/लेकिन कहते चले जाना/न कहने जैसा है/और काफी आसान है/इसी तरह न रहना आसान है/और रहना मुश्किल/लेकिन रहने चला जाना/न रहने जैसा है/और काफी आसान है/चाहें तो सहने के बारे में भी/ऐसा ही कुछ कहा जा सकता है।'

यह कविता इस पूरे संग्रह की प्रतिनिधि आवाज जैसी जान पड़ती है। उनकी सादाबयानी और इस सादाबयानी के भीतर छुपा हुआ शब्दों का खिलंदड़ापन और इसके भीतर धँसा हुआ एक मार्मिक अर्थ, जिसे खोलते हुए मनमोहन में हिचक नहीं, सावधानी दिखाई पड़ती है और ऐसा शब्द लाघव, जो कई अर्थ व्यंजित करता है। कहते और रहते चले जाने की व्यर्थता बताते हुए सहते चले जाने में कवि उसे दुहराने से बचता है। जाहिर है, उसे पता है कि सहने के बारे में कुछ भी कहना आसान नहीं, लेकिन सहते चले जाने की व्यर्थता बताना जरूरी है। मनमोहन के यहाँ इस सादगी में छुपी हुई अपनी वक्रताएँ हैं जिनमें हमारे समय के विद्रूप दर्ज हैं।

मनमोहन की सारी कविताएँ निजी तकलीफों और मानवीय विडम्बनाओं का दस्तावेज होती हैं, मगर उनका एक बेहद स्पष्ट राजनीतिक अभिप्राय भी है। यह अभिप्राय किसी समकालीन विचार के नतीजे की तरह नहीं, एक सभ्यतागत विमर्श के अंश की तरह उभरता है। अतीतजीवी सभ्यता दृष्टि की मनमोहन कई बार अच्छी खबर लेते हैं। 'कोई आये', 'भारतीय संस्कृति', 'कोई खास खतरा नहीं', 'कार्तिक स्नान', 'देववाणी' और 'ईश वंदना' जैसी कविताएँ इस लिहाज से पठनीय हैं। इनमें साम्प्रदायिक इकहरेपन और कठमुल्लेपन की पोल खुलती है।

उनकी कई कविताओं में अपनी तरह का खिलन्दड़ापन है जिसका मकसद खेलना नहीं खोलना है। 'देश हमारा', 'फोड़े का गीत', 'पग्गड़ सिंह का गाना', 'बिन कान का राजा' जैसी कविताएँ कविता और गीत के बीच की तुकतान और खींचतान से बनती हैं। 'पग्गड़ सिंह का गाना' मनमोहन के जोखिम भरे काव्य कौशल की एक और मिसाल है। लेकिन इन सबके बीच वे मूलतः मद्धिम आवाज के कवि हैं। इस आवाज में कहीं चोट है, कहीं कचोट है, कहीं गुस्सा है और कहीं बेबसी भी—'किसी और शहर में/एक रोज ढाई बजे/माँ ने/एक अजनबी स्त्री के वेश में आकर/गंजे होते अपने अधेड़ बेटे को/सपने में जगाया/'भूखी हूँ'/यह पूरे तीस बरस बाद बताया।'

कई बार कविताओं में न किसी शिल्प का दबाव दिखता है न रियाज का। एक सहजता और अनायासपन के बीच रची जाती इन कविताओं में समकालीन कविता की कई आवाजें शामिल लगती हैं। उनको पढ़ते हुए उनके समकालीन कवियों की याद आती है तो कहीं-कहीं रघुवीर सहाय का राजनीतिक चौकन्नापन और कहीं-कहीं

मुक्तिबोध का आत्मसंशय भी। ऐसा नहीं कि मनमोहन इन कवियों के असर मैं लिख रहे हैं। सिर्फ इतना कि उनके यहाँ से सब अनुगूँजे हैं, जो इस दौर में लिखा-पढ़ा-देखा और सहा जा रहा है। यह चीज उन्हें समकालीन भी बनाती है और मूल्यवान भी। वैसे मनमोहन के इस सधाव के बीच भी फिसलनें हैं। कुछ कविताएँ राजनीतिक बयान या निजी सन्दर्भों की सपाट अभिव्यक्ति से आगे नहीं जा पातीं, लेकिन ऐसी कविताओं की संख्या ज्यादा नहीं है, जहाँ कवि की यह असावधानी आसानी से पकड़ में आती हो। दूसरी बात यह कि इन कविताओं का समकालीन स्वर कई बार उनकी सीमा बन जाता है। मनमोहन इस सीमा का अतिक्रमण करते हैं, इसके बावजूद वे इसी के आसपास कहीं खड़े रहते हैं। फिर भी उनकी मद्धिम आवाज कहीं बेहद पास से सुनाई पड़ती है जैसे कोई बहुत आहिस्ते से अपने दुखों की पोटली खोल और सहेज रहा हो। समकालीन हिन्दी कविता के शोर के बीच भी इस मद्धिम आवाज को अनसुना करना आसान नहीं।

**जिल्लत की रोटी : मनमोहन (सहारा समय : 1 जून, 2006)**

# वही मिट्टी, वही आवाज़

एकान्त श्रीवास्तव उन युवा कवियों में हैं जिन्होंने अपनी शुरुआती कविताओं से ही लोगों का ध्यान खींचा था। उनका पहला संग्रह 'अन्न हैं मेरे शब्द' बहुप्रशंसित रहा था और इस पर उन्हें एकाधिक पुरस्कार भी मिले थे। हाल ही में आए उनकी कविताओं के दूसरे संग्रह—'मिट्टी से कहूँगा धन्यवाद' की कविताएँ पाठक को एकान्त की सुपरिचित भावभूमि पर नये सिरे से ले जाती हैं। गाँव-घर का परिवेश, पारिवारिक आत्मीयता, प्रकृति और स्मृति, स्त्रियाँ प्रेम, पिता—यानी वह सारा कुछ जीवन जिनसे होकर रोज गुजरता है और जिनके बीच हर बार खुद को नया करता चलता है। एकान्त के काव्य कर्म की खूबी यह है कि जीवन के बीतने की, नया होने की इस समूची प्रक्रिया को वे काफी करीब से देखते हुए एक सधे हुए शिल्प में ढाल देते हैं। इस सधेपन का कमाल है कि उनकी विवरणात्मकता न बोझिल होती है न गद्यमय, और उनकी कविता हिन्दी के कई सारे समकालीन कवियों में बुरी तरह व्याप्त अमूर्त्तन नाम की बीमारी से कोसों दूर रहती हैं।

हालाँकि क्या इसी सतर्कता का नतीजा है कि एकान्त कविता के किसी बीहड़ में जाने का जोखिम लेने से बचते हैं? 'मिट्टी से कहूँगा धन्यवाद' की ज्यादातर कविताएँ आजमायी और पहचानी हुई मिट्टी से बनती हैं। वे नयी जमीन तोड़ने का यत्न करती कम दिखाई पड़ती हैं। परिणाम यह है कि इनसे गुजरते हुए वह चिर-परिचित आस्वाद सुलभ होता है जिसे हम हाल के वर्षों की हिन्दी कविता में खूब-खूब देखने-पहचानने के आदी रहे हैं। इसे सुखद-सुकर बताया जा सकता है कि एकान्त के यहाँ इस आस्वाद में वह बासीपन नहीं मिलता जो अन्यथा कुछ कवियों की कविताओं को लगभग आग्राह्य बना देता है। इनमें एक तरह का टटकापन है, सोंधापन भी, ताजा-ताजा उखाड़ी गयी छीमियों जैसा, तुरन्त-तुरन्त दूहे गये दूध जैसा। और इन सबके साथ एक अभिव्यक्तिकुशल भाषा है जो अनुभव को बोझिल नहीं होने देती।

लेकिन यह सवाल फिर भी बचा रहता है कि कोई कवि अपनी विरासत से, अपनी समकालीनता से, अपने समय की काव्य प्रवृत्तियों से जो ग्रहण करता है, उसमें कुछ अपनी ओर से जोड़ता है या नहीं। अगर वह न जोड़े तो फिर उसकी कविता में उल्लेख्य क्या और उसे क्यों बचना चाहिए? एकान्त की ज्यादातर कविताएँ इस सवाल से मुँह चुराती हैं। वे अच्छी कविताएँ हैं, मगर ऐसी कविताएँ जो कविता के एक साँचे से, एक बँधे-बँधाए पैटर्न में निकलती हैं। इनमें वह बुनाई-बीनाई नहीं है जो कविता को किसी कवि की नितान्त अपनी चीज बना दे, जो बताए कि परम्परा से उसने जो अर्जित किया है उससे कुछ मुठभेड़ भी की है और उसे अपने साँचे में ढाला है।

दरअसल यह एकान्त श्रीवास्तव की ही नहीं, उनकी पीढ़ी के कई दूसरे कवियों की भीं सीमा है। इस लिहाज से इसे एक विडम्बना कह सकते हैं कि एक ऐसे समय में जब हिन्दी में भाषा और शिल्प को कई स्तरों पर ढाल सकने वाली एक प्रतिभासम्पन्न युवा पीढ़ी मौजूद है, तब हमें कविताएँ साँचों में ढलकर आती दिखाई पड़ रही हैं। यानी कविता लिखने के एकाधिक ढंग बन गये हैं जिसके बाद लिखना आसान है। इस आसान लेखन का लाभ यह है कि कविताएँ जल्दी-जल्दी लिखी जाती हैं और उनकी स्तरीयता एक बँधी-बँधाई शैली में ही सही, मगर एक हद तक प्रभावित करती है। इस हद से आगे इस किस्म के लेखन की खाई शुरू होती है। यानी कविताएँ एकरस होने लगती हैं। यहाँ तक कि नितान्त निजी अनुभवों पर रची गयी कविताएँ भी कुछ भावुकता पैदा करने के अलावा यही अहसास देती हैं कि ये सब सुपरिचित कविताएँ हैं।

बहरहाल, एकान्त श्रीवास्तव की वे कविताएँ बेहतर बन पड़ी हैं जिनके सन्दर्भ किन्हीं निजी धागों से जुड़ते हैं। पर्यावरण सजगता के फैशन में आने से पहले ही हिन्दी कविता में अपने किस्म की पर्यावरण-संवेदना जन्मकाल से खूब मुखर रही है। शायद कविता स्वभावतः प्रकृति से जुड़ती है। लेकिन एकान्त के जमाने की और उनकी कविता में भी आने वाली पर्यावरण संवेदना इस मायने में आधुनिक और नयी है कि इसे अपने आसपास बढ़ रहे बंजर का, सूखेपन का ज्यादा गहरा अहसास है। यह देखना किंचित सुखद ढंग से अचरज में डालने वाला है कि यह संवेदना कवि को नर्मदा आन्दोलन के साथ खड़े होने का अवसर देती है। हिन्दी कविता की अमूर्त पर्यावरण-सजगता वाली दुनिया में कविता के ठोस हस्तक्षेप का यह साहस प्रशंसनीय है।

एकान्त की कविता से गुजरते हुए एक और सवाल की ओर भी ध्यान जाता है। उनकी कविताओं में खुशी और उल्लास के तमाम क्षणों पर एक आतंक की परछाईं दिखती है। लगता है, जैसे कोई दंगाई, कोई आतंककारी सहसा आएगा और इस उल्लास को नष्ट कर देगा। यहाँ तक कि बचे रहने का सौभाग्य भी इस तसल्ली से जुड़ा है कि हम किसी का निशाना नहीं बने। बच्चों की चीख, शत्रुओं की बात, साँपों

से भरी अँधेरी पगडंडियाँ जैसे बिम्ब ही नहीं, 'अपराध' जैसी पूरी एक कविता इस आतंक की सिहरन ढोती है।

इस आतंक और डर की वजह क्या है? एक तो यही कि हम वाकई एक जलते हुए समय और समाज के बीच हैं जिसमें हिंसा को सबसे बड़ा तर्क और गोली को सबसे बड़ा विचार बनाने की कोशिश की जा रही है। इसमें एक नागरिक के हिस्से आतंक के सिवा कुछ नहीं आता। लेकिन क्या एक कवि को भी इतना ही कातर होना चाहिए? इस सवाल पर एकान्त के समय की कविता अपनी पूर्ववर्ती कविता से एक उदास करने वाला विचलन दिखाती है। सारी चीजों के बावजूद बीती कविता में एक सहज आस्था, लड़ने की एक स्वाभाविक इच्छा, अपने डर के पार जाकर, व्यवस्था पर चोट करते हुए अपना एक समाज बनने की कामना थी। कह सकते हैं कि वे सारी इच्छाएँ और कामनाएँ अपनी विफलता का शोक मनाती एक विडम्बनापूर्ण आत्मसीमन में विसर्जित हुईं। लेकिन एकान्त के जमाने की कविता को क्या बस इसलिए आतंकित होना चाहिए? यह आतंक विचार या बदलाव के प्रति सन्देह से आता है या विचारशून्यता को थाती मानने से? जब बाकी सारे मोर्चों पर हिम्मत टूट रही हो तो कविता वह मोर्चा मानी जाती है जहाँ मनुष्य खुद को बचाता-सहेजता है। एकान्त यह मोर्चा जहाँ कहीं खोलते हैं सुखद लगते हैं। मसलन, 'आदमी की कहानी' या 'यातना शिविर' जैसी अन्तिम कविताओं में। मगर ज्यादातर जगहों पर उनके कवि की कातरता पाठक को कहीं पहुँचाती नहीं दिखती।

कुल मिलाकर 'मिट्टी से कहूँगा धन्यवाद' एक अच्छा संग्रह तो है, मगर किसी प्रस्थान बिन्दु का वाहक बनने की जो अपेक्षा किसी युवा कवि के संग्रह से स्वभावतः होनी चाहिए, उसे पूरा नहीं करता। कह सकते हैं कि उनकी यात्रा के अगले पड़ाव अभी शेष हैं और इसलिए उम्मीदें भी।

**मिट्टी से कहूँगा धन्यवाद : एकांत श्रीवास्तव (जनसत्ता)**

# काग़ज़ के प्रदेश में

युवा कवि संजय कुन्दन के पहले काव्य संग्रह 'कागज के प्रदेश में' से गुजरते हुए कई बातें एक साथ ध्यान खींचती हैं। पहली बात तो यह कि वे नितान्त इस समय के कवि हैं—यानी इस इक्कीसवीं सदी के, जिसमें सिक्के सभ्यता को तौल रहे हैं, उसके जीने-बढ़ने, लिखने-पढ़ने, की शर्तें निर्धारित कर रहे हैं। हालाँकि यह कहने का अर्थ यह नहीं है कि ये कविताएँ इस समय में बँधी हैं और इसका अतिक्रमण नहीं करतीं। अच्छी रचनाओं के पाठ और प्रभाव के अपने अनुभव से हम जानते हैं कि वही रचनाएँ सबसे ज्यादा कालातीत हो पाती हैं जो अपने काल से सहज संवाद और सरोकार रखती हैं। हम कह सकते हैं कि संजय कुन्दन की कविताओं में अपने समय से जो संवाद या सरोकार दिखाई पड़ता है, वही इन्हें सभी समयों के लिए प्रासंगिक और सन्दर्भनीय बनाता है।

सवाल है कि संजय कुन्दन के निकट इस समय की पहचान क्या है? वे किस तरह इस समय को व्याख्यायित करते हैं, किन उपादानों के जरिए इस बदले हुए समय से हमारा रिश्ता निर्धारित करते हैं? इन प्रश्नों के उत्तर उन कुछ सूत्रों में तलाशे जा सकते हैं जो कुन्दन की कविताएँ हमें सुलभ कराती हैं। पहला सूत्र यह है कि यह बाजार के आक्रमण का समय है। सिक्के इस बाजार के अचूक प्रतिनिधि हैं जो एक दिन पाते हैं कि '.....अचानक। उनका कद इतना ऊँचा हो गया॥ कि आदमी एकदम बौना नजर आने लगा उन्हें/उन्होंने हथियार बनना चाहा॥ तो हथियार बन गये॥ उन्होंने मुकुट बनना चाहा॥ तो मुकुट बन गये....' जाहिर है ऐसे सर्वशक्ति सम्पन्न सिक्के संवाद नहीं सौदा करते हैं। सौदा भी सीधा नहीं कि आप बराबरी की शर्तों पर बात करें। बाजार और मनुष्य के बीच होता है एक बिचौलिया। क्या हमारा समूचा दौर बिचौलियों का दौर नहीं है। संजय कुन्दन की कविता 'बीच का आदमी' इस वृत्ति को इतने स्तरों पर पकड़ती है कि हम चकित रह जाते हैं, "कहीं से भी शुरू हो सकता एक रास्ता/और कहीं भी खुल सकता है एक दरवाजा/बताता है/बीच

का आदमी/....हमारा अपना मकान होना चाहिए/यह फैसला हमारा नहीं उसका है/ बीच का आदमी बताता है सुरक्षित होने के कई तरीके।"

इस बिचौलिया समय को लेकर हिन्दी में इतनी दो टूक कविताएँ कम होंगी। मगर दो टूक होना सपाट होना नहीं है, यह भी यही कविता बताती है। विडम्बना, विद्रूप और अन्ततः दुख के रसायन से निर्मित यह कविता संग्रह की सर्वाधिक पठनीय कविताओं में एक है, "रेत के एक एक कण की॥ कीमत लगाता हुआ वह॥ कुछ इस तरह बात करता॥ जैसे हमारी साँस का चौथा हिस्सा॥ वसूल कर रहेगा कभी न कभी। सेवा शुल्क के रूप में।''

इस समय में आक्रमणकारी अगर बाजार है तो आक्रान्त घर है। संजय कुन्दन की कविताओं को पढ़ते हुए यह बात सबसे शिद्दत से ध्यान खींचती है कि मध्यमवर्गीय भारतीय समाज के घर बीते बीस वर्षों में कितना बदल गये हैं। घर शायद वह सबसे ठोस प्रतीक हो सकता है जिसकी मार्फत हम जीवन के बदलावों को पढ़ सकते हैं। इस बदलाव से हिन्दी कविता पहले आक्रान्त न रही हो, ऐसा नहीं है। अगर अक्सर ऐसी स्थिति में वह एक "नॉस्टैल्जिया" को अपना शरण्य बनाती रही है। गाँव घर या मुहल्ला छूटने के करुण विलाप और नये माहौल में खुद को ढाल न पाने और इसका शिकार होने पर आत्मदया और रोमानी शहादत के भाव से भरी यह कविता अन्ततः संवाद करने से बचती भागती कविता के रूप में सामने आती हैं। संजय के यहाँ भी ये सारी पीड़ाएँ हैं—मगर यहाँ आत्मदया या रोमानी शहादत नहीं है—अजनबीपन का एहसास जरूर है और एक वास्तविक तकलीफ भी है— मगर इन सबसे ज्यादा वह प्रखर और पैनी दृष्टि है जिसके ज़रिये संजय बिना कुछ कहे कई स्थितियों को हमारे सामने रख देते हैं। और अचानक वह यथार्थ जैसे प्रकट हो उठता है जिस पर हमारी निगाह नहीं पड़ रही—"सबसे पहले तोताराम को/बाहर किया गया उस घर से/फिर लक्ष्मी गणेश को/....दीवार पर टँगी दो स्वर्गीय/ बुजुर्गों की तस्वीर/ जब भी कुछ कहना चाहती/कि उनसे भी तेज आवाज में बोलने लगते कुछ सिक्के/फर्श पर बैठकर खाने की परम्परा/प्रतिबन्धित की गयी/और ऐसा कर गृहस्वामी को/महसूस हुआ/कि वह इस घर को/एक लम्बे अन्धकार युग से/निकाल रहा है।"

बाजार और घर का यह द्वन्द्व इस कविता संग्रह की कई कविताओं में आया है। बाजार पसर रहा है, घर सिकुड़ रहा है। सिक्के हँसते हुए और पिता निराश दिखाई पड़ते हैं। संग्रह में पिता से जुड़ी कई कविताएँ हैं—पिता की हँसी, पिता की बेचैनी, पिता की चिन्ता, पिता का भरोसा, पिता के न होने का डर। क्या पिता परम्परा के प्रतीक की तरह आते हैं? वे परम्परा और उसके आश्रय की याद जरूर दिलाते हैं। हमारे समय में यह आश्रय क्षीण पड़ रहा है और बाजार की पकड़ मजबूत हो रही है। कई ठोस बिम्बों, रूपकों और प्रवृत्तियों की मार्फत संजय कुन्दन इस बदले हुए

समय के विद्रूपों से हमारा परिचय कराते चलते हैं। 'न्याय और अन्याय के बारे में कुछ मान्यताएँ', 'सच' आदि कविताएँ इसकी मिसाल हैं—"अन्याय जब भी घूमने निकलता/वह न्याय के कपड़े पहनता/वह न्याय की तरह विनम्र बनने की कोशिश करता/और अपना नाम न्याय बताता।"

अपने समय की इस जरूरी समझ से लैस संजय कुन्दन की मौलिकता भी चकित करती है। यह उस तरह की मौलिकता नहीं है जो आम तौर पर बहुत मेहनत से, अलग तरह की कविताएँ लिखने या अनूठा-सा शिल्प विकसित करने की कोशिश में प्रयत्नपूर्वक अर्जित की गयी हो। यह एक सहज मौलिकता है जिसका परम्परा से वास्ता होता है, जो शायद बहुतों में होती है, मगर जिसे बाद के दौर में उनका सामाजिक पर्यावरण नष्ट कर डालता है और उन्हें अपने ढंग से अनुकूलित कर लेता है। महानगर के सामाजिक पर्यावरण ने संजय कुन्दन के कवि की मौलिकता को क्षतिग्रस्त नहीं किया है। ऐसा मौलिक आदमी जब कविता में कोई बात कहता है तो उसके शिल्प से हम नहीं चौंकते, बल्कि इस बात पर विस्मित होते हैं कि उसके पास कितना कुछ नया है, जो हम छोड़ते जा रहे हैं—कितना कुछ ऐसा है जिस पर हमारी निगाह पहले पड़नी चाहिए थी, मगर पड़ नहीं रही है। अचानक एक कवि आता है, हमारी कहावतों की याद दिलाता है और पूछता है कि तुम्हें अपनी भाषा की कितनी कहावतें याद हैं। तब पता चलता है कि अपनी जड़ों से कटे हुए कितना लम्बा अरसा बीत गया।

वस्तुतः संजय कुन्दन की काव्य मेधा का सर्वोत्कृष्ट ऐसे ही अवसरों पर दिखाई पड़ता है जब वह किसी सामाजिक समकालिक द्वन्द्व से दूर अपनी सहजता से खुद को अभिव्यक्त कर रहे होते हैं। संग्रह की पहली ही कविता 'कहावतें' इसका साक्ष्य है : "कितना हँसोड़ रहा होगा वह आदमी/जिसने एक ऊँट के साथ/मजाक किया होगा/उसके मुँह में जीरे का एक दाना रखकर/...जरा कहावतों के जन्म के बारे में सोचो/किसने कहा होगा पहली बार/कि अधजल गगरी छलकत जाये। ...वे हमारे पूर्वज थे/जिन्हें कवि नहीं बनना था/नहीं होना था प्रसिद्ध/इसलिए कहावतों में उन्होंने/अपना नाम नहीं जोड़ा।"

ऐसी ही एक नायाब कविता है 'मूर्खों की दुनिया'। कविता यह नहीं बताती कि वह किन्हें मूर्ख कह रही है। बस वह बड़ी हिकारत के साथ उनकी सीमाओं को रख देती है और जिस तरह उनके वर्चस्व का मखौल बनाती है, वह उनकी धज्जियाँ उड़ाने से कम नहीं है; "मूर्खों की दुनिया में रोज उत्सव है/पर सीमित है उनके खुश होने के तरीके/बहुत कम शब्दों से चलता है उनका काम/और हँसने की भी बस एक शैली/....तुम्हारी दुनिया में हिचक है/संशय है, औचित्य और अनौचित्य है/उनके पास कोई प्रश्न नहीं/वे एक ही वाक्य को दुहराते हुए/पूरा जीवन गुजार सकते हैं।"

कविता की बनी बनाई पद्धतियों का सहारा लेने की जगह जीवन के अनुभवों

से कविता को उठाने का अभ्यास संजय कुन्दन को उनके समकालीन कवियों से ही नहीं, पूर्ववर्ती पीढ़ी से भी काफी अलग करता है। हिन्दी कविता की युवा पीढ़ी काफी शिल्प सजग है। उसमें शब्दों को लेकर गहरा चौकन्नापन है। कई तरह की नफीस डिजाइनें हैं। इस कविता के बहुत पक्ष में होते हुए भी मुझे लगता है कि यह 'हेज कटर' से लिखी जा रही कविता है– बिल्कुल सीधी लाइन में सुन्दर दिखाई पड़ रही, तराशी हुई पत्तियों जैसी कविता, बेहद ढली ढलाई। राहत की बात है कि संजय कुन्दन ऐसा हेज कटर इस्तेमाल नहीं करते। उनकी कविताओं में एक अनगढ़ता दिखाई पड़ती है। कई बार लगता है कुछ शब्द या कुछ पंक्तियाँ गैरजरूरी हैं, लेकिन वे पूरी कविता के प्रभाव को क्षतिग्रस्त नहीं करतीं। अन्ततः कविता जो सजीव प्रभाव पैदा करती है, वह बाधित नहीं होता। यह भिन्नता संजय कुन्दन की कविता को उसका व्यक्तित्व देती है।

ऐसा नहीं है कि संग्रह में कमजोर कविताएँ नहीं हैं। संजय कुन्दन की अनगढ़ता कुछ स्थलों पर खटकती है। आम तौर पर वे परम्परा के प्रभाव से मुक्त हैं। मगर कई बार यह प्रभाव दिखता है और उसकी नैसर्गिक त्वरा को आहत करता है। ऐसा नहीं है कि कवि को परम्परा से नहीं लेना चाहिए। परम्परा ही एक स्तर पर मौलिकता का निर्माण करती है। संजय इस परम्परा से गहरे अनुस्यूत हैं। मगर जहाँ कहीं उसका बाह्य रूप एक रूढ़ि की तरह उनके काव्य विन्यास का हिस्सा बनता है वहाँ वे कमजोर पड़ जाते हैं।

इसके बावजूद संजय कुन्दन का कविता संग्रह समकालीन हिन्दी कविता के परिदृश्य में उन्हें एक समर्थ कवि के रूप में स्थापित करता है। इसमें हमारे समय के कई निशान हैं–चरित्रों, स्थितियों और संवादों से भरी यह कविता एक स्तर पर इन दिनों कविता की दुनिया में खूब पोषित इस मिथक का खंडन भी करती है कि अच्छी कविताओं को कम बोलना चाहिए या चुप रहना चाहिए। हिन्दी कविता में आत्मसीमन की– 'सेल्फ विदड्राअल' की– जो प्रवृत्ति पैदा हुई है, वह इस वजह से भी है कि ज्यादातर कवियों के पास अनुभव और अभिव्यक्ति के स्तर पर नया कुछ कहने, करने को है नहीं। संजय इस समय में होते हुए इस समय के काटे और मारे नहीं हैं, इसलिए उनकी कविता सहज, सबल, सवाक और सम्प्रेषणीय है।

काग़ज़ के प्रदेश में : संजय कुन्दन (वसुधा 55 : दिसम्बर, 2002)

# दूर तक जाती है उसकी आवाज़

ज़ब कभी दिल्ली और सत्ता केन्द्रों से दूर लिखी जा रही कविता सामने आती है, वह अपनी ऊष्मा, ताज़गी और अपने तरल-विरल सांस्कृतिक बोध से कुछ चमत्कृत कर डालती है। यह सच है कि रवीन्द्र भारती इन केन्द्रों से बहुत दूर नहीं हैं, फिर भी उनकी कविता मूलतः उस कस्बाई और ग्रामीण संसार में घटित होती है जिसे नया समय बड़ी चालाकी और क्रूरता से अपदस्थ और विस्थापित करने पर तुला है। इस कविता में इस विस्थापित हो रहे समाज की धुकधुकी भी बोलती है और विस्थापन के प्रतिरोध का वह साहस भी, जो मूलतः एक समृद्ध सांस्कृतिक विरासत से आया है।

रवीन्द्र भारती के नये काव्य संग्रह 'नचनिया' में इस प्रतिरोध और साहस को बहुत करीब से देखा जा सकता है। नचनिया हमारे आधुनिक सांस्कृतिक मानस और मुहावरे के हिसाब से एक पीछे छूटा हुआ शब्द है– वह शब्द, जिससे हमारे समय की खायी-पीयी-अघायी और सजी-सजायी आधुनिकता कुछ छिटककर खड़ी होती है। उसके गँवई कपड़ों में पुरानेपन की बास है, उसके हावभाव में नागर शास्त्रीयता की जगह ग्रामीण हुलास है। लेकिन मोहब्बत का पहला पाठ इन नचनियों से पढ़ने वाले रवीन्द्र भारती बड़ी तल्लीनता से याद करते हैं उस नचनिया को, जिसके *'...जादू में खिंचे-खिंचे। रसिया लोग उनके पीछे-पीछे। दस-दस कोस तक चले जाते थे पैदल। कुछ लोग तो लौटते ही न थे। नहीं लौटने वालों में एक राम प्रसाद भी था। उसने ख़ुद की बना ली थी मंडली। मशाल की रोशनी में हुड़का बजाते ज़मीन पर नाचता। था दूर-दूर तक जाती थी उसकी आवाज़।'*

यह परम्परा है जो रवीन्द्र भारती की कविता में बड़े सूक्ष्म ढंग से व्यक्त हो रही है। कला की वह परम्परा जो दस-दस कोस पैदल चलने के बाद हासिल होती है और जिसमें दूर तक जाती है आवाज़। और यह आवाज़ करती क्या है? यह हाथी पर बैठने वालों को नाराज़ करती है, कला का अपना सिंहासन बनाती है और नान्ह जाति के

लड़के को उस पर बैठाती है। सांस्कृतिक प्रतिरोध की इससे बेहतर और बारीक कविता क्या हो सकती है?

सांस्कृतिक प्रतिरोध का मुहावरा हिन्दी के रचना-संसार में बहुत आमफ़हम है, लेकिन ज्यादातर वह कविता में आयातित और आरोपित ढंग से प्रकट होता है, कविता के अपने संसार में विन्यस्त नहीं मिलता। रवीन्द्र भारती की कविता इसलिए भी उल्लेखनीय है कि वहाँ सांस्कृतिक प्रतिरोध एक मुद्रा नहीं, एक सहज स्थिति है जो नाच के बीच, कला के बीच, रचना के बीच अनिवार्य और अपरिहार्य जान पड़ती है। निश्चय ही यह चीज़ कला के कौशल भर से नहीं, समाज की समझ और साझेदारी से आती है।

यह समाज रवीन्द्र भारती की कविताओं में खूब बोलता है—अपने राग-विराग में डूबा समाज, अपनी कला में नदियों, पंछियों और समुद्र के शब्दकोश खोलता समाज और अपने चुम्बनों में पूरी धरती का प्रेम समेटता और पढ़ता समाज। रवीन्द्र लिखते हैं, *'मैं तुम्हारा लिलार चूमता हूँ। कि पहाड़ को चूमने लगता है चन्द्रमा। तुम्हारी पलकें चूमता हूँ। कि शान्ति को चूमने लगती है प्रार्थना।'*

इस समाज में प्रकृति और स्मृति है जिनके संयोग से बनते हैं कई उदात्त बिम्ब— *'बारिश की कक्षा लगी है। नदियों के हाथों में मेघों के ग्रन्थ। आज की रात आँखों में नींद ग़ायब है। मुझे लोग याद कर रहे होंगे- । घर की छत के नीचे बज रहे होंगे बरतन।'*

मूलतः पुराने दिनों के कस्बाई संसार में विन्यस्त रवीन्द्र भारती की कविताएँ हालाँकि नये इलाकों में भी जाती हैं और कई बारीक अनुभवों को बड़ी मार्मिकता के साथ दर्ज करती हैं। उत्तरपाड़ा के निताई काकू को लेकर लिखी गयी कविता 'अनुष्ठान' में कुछ है जो छूता है, जो छूटता-सा लगता है—शायद वह निमाई काकू जो झूठ की चाकरी करने को तैयार नहीं और लोकन ट्रेनों में पैताबे बेचता है। 'अबूझ दास' नामक कविता भी ऐसे ही अनुभव और अभिव्यक्ति की कविता है।

हालाँकि इस कस्बाई संसार से बाहर निकलकर, अपनी जानी-पहचानी सांस्कृतिक मनोभूमि से आगे आकर रवीन्द्र भारती अब आधुनिक विडम्बनाओं पर व्यंग्य करते हैं तो अपने आशयों और अपने कथ्य में सटीक होते हुए भी वे अपनी सीमाओं का भान करा जाते हैं। 'विज्ञ,' 'मगध' और 'निहत्थे' जैसी कविताओं में वे मोड़ अलक्षित नहीं रह जाते, जहाँ कविता पीछे छूट जाती है, राजनीति मुखर हो जाती है।

रवीन्द्र भारती की कविता पर यह चर्चा तब तक अधूरी रह जाएगी, जब तक उनकी भाषा का जिक्र न हो। इस भाषा में पूरब का ठाठ है। यह कविता बिहार के मागधी-भोजपुरी समाज के उस ग्रामगंधी स्पर्श से भी बनती है जो धीरे-धीरे हमारी भाषा से हमारे लोगों की तरह ही बेदखल हो रहा है। इस कविता को पढ़ते हुए कई छूटे हुए

शब्द याद आते हैं, कई पुराने मुहावरे साथ चलने लगते हैं। 'लिलार' और 'पैताबा' जैसी संज्ञाएँ और 'साटना-कलपना' जैसी क्रियाएँ अपने साथ एक पूरा छूटा हुआ संसार ले आती हैं।

निश्चय ही हिन्दी के समकालीन रचना संसार में यह काव्य संग्रह अपनी एक जगह बनाता है। संग्रह में ढेर सारी कविताएँ अपने पाठ में बहुलार्थी हैं और आस्वाद की अनेकस्तरीयता से जोड़ती हैं।

**नचनिया : रवीन्द्र भारती (दैनिक भास्कर : 15 मई, 2010)**

# मैं उर्दू में ग़ज़ल कहता हूँ हिन्दी मुस्कुराती है

*'लिपट जाता हूँ माँ से और मौसी मुस्कुराती है। मैं उर्दू में ग़ज़ल कहता हूँ और हिन्दी मुस्कुराती है'*, ये मुनव्वर राना हैं—समकालीन उर्दू ग़ज़ल की वह शख़्सियत जिनका जादू हिन्दी पाठकों के सिर चढ़कर बोलता है। हिन्दी में उनकी किताबें छापने वाले वाणी प्रकाशन के अरुण माहेश्वरी बताते हैं कि मुनव्वर राना के संग्रह 'माँ' की एक लाख से ज्यादा प्रतियाँ बिक चुकी हैं। यही नहीं, हाल में आयी उनकी सात किताबों के संस्करण 15 दिन में ख़त्म हो गये। जिस दौर में हिन्दी कविता की किताबें 500 और 700 से ज्यादा नहीं बिकतीं, उस दौर में आख़िर मुनव्वर राना की ग़ज़लों में ऐसा क्या है कि वह हिन्दी के पाठकों को इस क़दर दीवाना बना रही हैं? इस सवाल का जवाब उनकी शायरी से गुज़रते हुए बड़ी आसानी से मिल जाता है। उसमें ज़ुबान की सादगी और कशिश इतनी गहरी है कि लगता ही नहीं कि मुनव्वर राना ग़ज़ल कह रहे हैं—वे बस बात कहते-कहते हमारी-आपकी रगों के भीतर का कोई खोया हुआ सोता छू लेते हैं। उनकी शायरी में देसी मुहावरों का जो ठाठ है, बिल्कुल अलग ढंग से खुलता है। मसलन, *'बहुत पानी बरसता है तो मिट्टी बैठ जाती है। न रोया कर बहुत रोने से छाती बैठ जाती है।...वो दुश्मन ही सही, आवाज दे उसको मोहब्बत से, सलीके से बिठाकर देख, हड्डी बैठ जाती हैं।'*

बरसों पहले हिन्दी के मशहूर कवि और ग़ज़लकार दुष्यन्त कुमार ने अपनी इतनी ही मशहूर किताब 'साये की धूप' की भूमिका में लिखा था कि हिन्दी और उर्दू जब अपने-अपने सिंहासनों से उतरकर आम आदमी की जुबान में बात करती हैं तो वे हिन्दुस्तानी बन जाती हैं। दरअसल राना की ताकत यही है—वे अपनी भाषा के जल से जैसे हिन्दुस्तान के आम जन के पाँव पखारते हैं। फिर यह सादगी भाषा की ही नहीं, कथ्य की भी है। उनको पढ़ते हुए छूटते नाते-रिश्ते, टूटती बिरादरियाँ और घर-परिवार याद आते हैं। माँ की उपस्थिति उनकी शायरी में बहुत बड़ी है—अभिधा में भी और व्यंजना में भी—जन्म देने वाली माँ भी और प्रतीकात्मक माँ भी—*'लबों*

*पे उसके कभी बददुआ नहीं होती। बस एक माँ है जो मुझसे ख़फा नहीं होती।'*

ऐसी मिसालें अनगिनत हैं। लगता है मुनव्वर राना को उद्धृत करते चले जाएँ—घर, परिवार, सियासत, दुख-दर्द का बयान इतना सादा, इतना मार्मिक, इतना आत्मीय कि हर ग़ज़ल अपनी ही कहानी लगती है, हर बयान अपना ही बयान लगता है—*'बुलन्दी देर तक किस शख्स के हिस्से में रहती है। बहुत ऊँची इमारत हर घड़ी ख़तरे में रहती है।...यह ऐसा क़र्ज़ है जो मैं अदा कर ही नहीं सकता। मैं जब तक घर न लौटूँ, मेरी माँ सजदे में रहती है। अमीरी रेशमो किमखाब में नंगी नज़र आयी। गरीबी शान से इक टाट के परदे में रहती है।'*

दरअसल इस सादगी के बीच मुनव्वर एक समाजवादी मुहावरा भी ले आते हैं—राजनीतिक अर्थों में नहीं, मानवीय अर्थों में ही। उनकी ग़ज़लों में गरीबी का अभिमान दिखता है, फ़क़ीरी की इज़्ज़त दिखती है, ईमान और सादगी के आगे सिजदा दिखता है। हालाँकि जब इस मुहावरे को वे सियासत तक ले जाते हैं तो सादाबयानी सपाटबयानी में भी बदल जाती है—*'मुहब्बत करने वालों में ये झगड़ा डाल देती है। सियासत दोस्ती की जड़ में मट्ठा* डाल देती है।' दरअसल यहाँ समझ में आता है कि मुनव्वर राना ठेठ सियासी मसलों के शायर नहीं हैं, जब वे इन मसलों को उठाते हैं तो जज़्बाती तकरीरों में उलझे दिखाई पड़ते हैं, माँ के धागे से मुल्क के मुहावरे तक पहुँचते हैं और देशभक्ति के खेल में भी कहीं-कहीं फँसते हैं। लेकिन उनका इक़बाल कहीं ज़्यादा बड़ा है। वे सियासी सरहदों के आर-पार जाकर इंसानी बेदखली की वह कविता रचते हैं जिसकी गूँज बहुत बड़ी है। भारत छोड़कर पाकिस्तान गये लोगों पर केन्द्रित उनकी किताब 'मुहाजिरनामा' इस लिहाज से एक अनूठी किताब है। कहने को यह किताब उन बेदखल लोगों पर है जो अपनी जड़ों से कटकर पाकिस्तान गये और वहाँ से हिन्दुस्तान को याद करते हैं, लेकिन असल में इसकी जद में वह पूरी तहजीब चली आती है जो इन दिनों अपने भूगोल और इतिहास दोनों से उखड़ी हुई है। यह पूरी किताब एक ही लय में, एक ही बहर पर लिखा गया महाकाव्य है जिसमें बिछड़ने की, जड़ों से उखड़ने की कसक अपने बहुत गहरे अर्थों में अभिव्यक्त हुई है। किताब जहाँ से शुरू होती है, वहाँ मुनव्वर कहते हैं, *'मुहाजिर हैं, मगर हम एक दुनिया छोड़ आये हैं/तुम्हारे पास जितना है हम उतना छोड़ आये हैं।'* आगे कई शेर ऐसे हैं जो दिल को छू लेते हैं, *'कहानी का ये हिस्सा आज तक सबसे छुपाया है/कि हम मिट्टी की ख़ातिर अपना सोना छोड़ आये हैं.../जवानी से बुढ़ापे तक जिसे सँभाला था माँ ने/वो फुँकनी छोड़ आये हैं, वो चिमटा छोड़ आये हैं। किसी की आरजू के पाँव में ज़ंजीर डाली थी/किसी की ऊन की तीली में फन्दा छोड़ आये हैं'/यह* पूरी किताब अलग से पढ़ने और लिखे जाने लायक है।

बहरहाल, सादगी कविता का इकलौता मोल नहीं होती। उर्दू के ही सबसे बड़े

शायर मिर्ज़ा गालिब कहीं से सादाबयानी के शायर नहीं हैं, उनमें अपनी तरह का विडम्बना बोध है– *'ईमाँ मुझे रोके हैं, खैंचे है मुझे कुफ़्र'*, वाली कशमकश, जो शायरी को अलग ऊँचाई देती है। इक़बाल भी बहुत बड़े शायर हैं–लेकिन उनकी भाषा और उनके विषय में अपनी तरह की जटिलता है। बेशक, मीर और फ़िराक देशज ठाठ के शायर हैं, लेकिन उनकी शायरी मायनी के स्तर पर बहुत तहदार है। लेकिन उर्दू में सादगी की एक बड़ी परम्परा रही है जो कई समकालीन शायरों तक दिखती है। फ़ैज़ की ज़्यादातर ग़ज़लें बड़ी सादा जुबान में कही गयी हैं। निदा फ़ाज़ली, अहमद फ़राज़, बशीर बद्र अपने ढंग से सादाज़ुबान शायर हैं और बेहद लोकप्रिय भी। लेकिन मुनव्वर राना इस सादगी को कुछ और साधते हैं। उनकी परम्परा कुछ हद तक नासिर काज़मी की 'पहली बारिश' से जुड़ती दिखती है। लेकिन नासिर की फिक्रें और भी हैं, उनके फन दूसरी तरह के भी हैं। एक स्तर पर मुनव्वर अदम गोंडवी के भी क़रीब दिखते हैं, ख़ासकर जब वो राजनीतिक शायरी कर रहे होते हैं। लेकिन अदम में जो तीखापन है, उसको कहीं-कहीं छूते हुए भी मुनव्वर उससे अलग, उससे बाहर हो जाते हैं।

उर्दू की इस परम्परा को पढ़ते हुए मुझे हिन्दी के वे कई कवि याद आते हैं जो अपने शिल्प में कहीं ज़्यादा चौकस, अपने कथ्य में कहीं ज़्यादा गहन और अपनी दृष्टि में कहीं ज़्यादा वैश्विक हैं। लेकिन पता नहीं क्यों, वे अपने समाज के कवि नहीं हो पाये हैं। अक्सर यह सवाल मेरे भीतर सिर उठाता है कि क्या यह कहीं शिल्प की सीमा है जो हिन्दी कवि को उसके पाठक से दूर करती है? आखिर इसी भाषा में रचते हुए नागार्जुन जनकवि होते हैं, भवानी प्रसाद मिश्र दूर-दूर तक सुने जाते हैं, दुष्यन्त भरपूर उद्धृत किये जाते हैं और हरिवंश राय बच्चन और रामधारी सिंह दिनकर तक खूब पढ़े जाते हैं। अचानक ये सारे उदाहरण छन्दोबद्ध कविता के पक्ष में जाते दिखते हैं, लेकिन मेरी मुराद यह नहीं है। मेरा कहना बस इतना है कि हिन्दी कविता को अपना एक मुहावरा बनाना होगा जो उसके पाठकों तक उसे ले जाये। ये एक बड़ी चुनौती है कि हिन्दी कविता की अपनी उत्कृष्टता और बहुपरतीयता को बचाये रखते हुए यह काम कैसे किया जाये।

**(दैनिक भास्कर : 11 अगस्त, 2012)**

# इतिहास और वर्तमान से आँख मिलाती कविता

पंकज राग ने अपनी कविता का एक मुहावरा बनाया है— इस मुहावरे में अतीत और वर्तमान, इतिहास और समाज एक-दूसरे के बरक्स खड़े दिखते हैं, कभी एक-दूसरे को काटते, अभी एक-दूसरे को सहारा देते और भरोसा दिलाते। कविता न उस इतिहास में है न इस समाज में, बल्कि दोनों के मेल से बनने वाली उस अदृश्य अनुगूँज में है, जिसे हम समय कहते हैं। पंकज इस समय को सम्भव करते हैं, समय उनकी कविता को सम्भव करता है।

जहाँ-जहाँ यह समय है, जहाँ-जहाँ इतिहास से आँखें मिलाता वर्तमान है, वहाँ-वहाँ पंकज एक छू लेने वाली कविता रच लेते हैं। उनके काव्य संग्रह 'यह भूमण्डल की रात है' की कई कविताएँ इतिहास और वर्तमान की इस आवाजाही से बनी हैं। सर्वाधिक उल्लेखनीय 'दिल्ली : शहर दर शहर' नाम की कविता शृंखला है जिसमें सिर्फ दिल्ली का इतिहास नहीं, तहज़ीब का एक बहुरेखीय, बहुकोणीय, अपने चरित्र में मूलतः बहुलतावादी संसार भी है। यह संसार सिर्फ एक शहर की साँस से नहीं, सभ्यता की धुकधुकी से बना है। इस कविता में लगातार बदलती दिल्ली भी दिखती है और न बदलने पर अड़ी दिल्ली भी। एक तरफ वह सत्ता का केन्द्र है, दूसरी तरफ सत्ता से बेपरवाह है। कविता से गुजरते हुए में दिल्ली के बदलते भूगोल से भी गुजरते हैं और बदलते इतिहास से भी—दरअसल पंकज राग के काव्य कर्म और काव्य मर्म को समझने की सबसे ज्यादा कुंजियाँ यही कविता देती है।

यह कविता बताती है कि पंकज इतिहास के बहुत बारीक अध्येता हैं। लेकिन इतिहास उनके लिए विजेता और विजित का नियतिवादी लगता एकरैखिक अनुक्रम नहीं है, न ही अलग-अलग व्याख्याओं का स्थिर चौखटा। पंकज इतिहास में दाखिल होकर उसे जैसे उलटते-पुलटते हैं, उसको घट रहे वर्तमान की निरन्तरता में देखते हैं, उसमें निहित मानवीय संकटों को पढ़ते हैं और उससे जुड़े साम्राज्यवादी आशयों की अचूक पड़ताल करते हैं। हालाँकि इतिहास की महीन चीरफाड़ में लगे रहने के

बावजूद पंकज कविता को कभी ओझल होने नहीं देते। 'दिल्ली शहर दर शहर' कविता की शक्ल में इतिहास का प्रक्षेपण नहीं है, वह एक मुकम्मिल कविता है जिसे पढ़ते हुए इतिहास की विडम्बनाएँ और सभ्यता की त्रासदियाँ बार-बार याद आती हैं— बनती और उजड़ती, बनायी जाती और उजाड़ी जाती सभ्यताओं के किन्हीं अमूर्त आशयों में नहीं, ठेठ इतिहास-बोध के साथ, ऐतिहासिक शक्तियों की पहचान के साथ। *'चाहिए/थोड़ी नींद चाहिए/और छोटे-छोटे सपने चाहिए/जिसमें विश्व नहीं/उनकी ही कदकाठी की/उनकी ही जुबान बोलती/सीधी सादी सच्ची आँखों वाली शरीके हाल-सी दिल्ली हो।'*

संग्रह की किसी एक कविता पर इतनी बड़ी चर्चा बाकी संग्रह के साथ अन्याय लग सकती है, लेकिन है नहीं। क्योंकि यह कविता पूरे संग्रह में केन्द्रीय जगह घेरती है और इसके सहारे पंकज की कविता के औजारों को समझना आसान हो जाता है। पहली बात यही समझ में आती है कि पंकज आसान कवि नहीं हैं। उनकी अपनी जटिलता है जो कविता के लिए एकाधिक पाठों की माँग करती है। 'दिल्ली : शहर दर शहर' जैसी बड़ी कविता के सन्दर्भ में तो ऐसे पाठ और जरूरी, दुरूह और एक स्तर पर प्रीतिकर भी हो उठते हैं। कविता को अन्तिम तौर पर समझने के किसी दावे को उनकी कविता चुनौती देती है।

जिस कविता से संग्रह का शीर्षक बना है, वह पहली कविता 'यह भूमण्डल की रात है' भी इसी गढ़न की कविता है—हालाँकि अपनी प्रविधि में कहीं ज्यादा प्रत्यक्ष लेकिन अपने आशयों में उतनी ही अर्थगुम्फित। यह अलग बात है कि यह कविता वह व्यापक असर, वह बड़ी अनुगूँज पैदा नहीं कर पाती जो पंकज की कई दूसरी कविताएँ करती हैं।

समय और इतिहास से मुठभेड़ करती, इस संग्रह की तीसरी महत्त्वपूर्ण कविता, संग्रह के बिल्कुल आखिर में है—'1857 में डेढ़ सौवें वर्ष में'। इतिहास के यान्त्रिक और इकहरे पाठ से और उससे ज्यादा उसके उपयोगितावादी इस्तेमाल से 1857 को बचाते हुए पंकज एक के बाद एक उसकी परतें खोलते चले जाते हैं—इसलिए नहीं कि वे पाठक को इतिहास पढ़ाना चाहते हैं या 1857 के मूल अर्थ से परिचित कराना चाहते हैं और या उसमें निहित बहुलार्थता को सामने लाना चाहते हैं, बल्कि इसलिए कि वे एक ऐसी कविता रचना चाहते हैं जिसमें इतिहास और समय की किसी अन्तिम ठहरायी जाने वाली व्याख्या के इकहरेपन को पढ़ा जा सके और उसके कई पाठ सम्भव किये जा सकें—उनके पाठ भी जिनकी आवाजें धुँधली पड़ चुकी हैं या जिनके पास *'अपनी भावनाओं को इतिहास में शामिल कराने की ताकत'* नहीं थी। उन जैसा कवि ही लिख सकता है : *'गौर करें तो 1857 के दुखों की कहानी बहुत बड़ी है॥ गरीबी के दुख, अमीरी के दुख/सचमुच के दुख, कुछ पाले हुए दुख/सच्ची भूख से व्याकुल दुख/झूठी शान से परेशान दुख/वह कई दुखों को जोड़कर लड़ी गयी*

*एक लड़ाई थी/तो वह कुछ दुखों को छोड़कर भी लड़ी गयी एक लड़ाई थी। कमज़ोर जोड़ों को बाँधता एक दुश्मन था/कुछ दुख इसलिए नहीं बीते कि दुश्मन शक्तिशाली था/और कुछ दुख जैसे कभी बीतते नहीं/फिर भी लड़े क्योंकि उम्मीद ज़िन्दा थी।'*

इतिहास के मिट्टी-गारे से बनी दो और कविताएँ इस संग्रह में उल्लेखनीय हैं। बड़ी-सी दिल्ली के बराबर छोटा-सा 'बुरहानपुर' वाकई बड़े करीने से लिखी गयी कविता है जिसके वर्तमान का कोलाहल इतिहास की कई अनुगूँजों को समेटे हुए है। पंकज राग के शिल्प का सधाव इस कविता में अपनी श्रेष्ठतम भंगिमा में है। दूसरी कविता : 'मियाँ ही जानें' है जिसमें मियाँ फ़ख़रुद्दीन के बहाने नये ज़माने के रंजोगम और गुजिश्ता दौर की यादों के बीच बदलते शहर और समय की धूल की सहज पहचान सम्भव होती है।

इन कविताओं से अलग पंकज की बहुत सारी दूसरी कविताएँ रोज़मर्रा की आवाजाही के बीच बनी हैं। छोटे-छोटे ब्योरों और आशयों को तलाशती ऐसी कई कविताएँ हैं जो बरबस ध्यान खींचती हैं। हालाँकि इन कविताओं में भी अपनी तरह की जटिलता है। 'दिन' नाम की एक कविता अच्छी लगती है। सवाल है, क्यों अच्छी लगती है, कवि कशमकश में है कि क्षणों में जिया जाये या समय को तोड़-ताड़कर पहले से तय कर लिया जाये कि दिन कैसा बीतेगा। इसके बाद शुरू होता है सवालों का सिलसिला। कवि कहीं जवाब नहीं देता, लेकिन कविता बिना कुछ कहे बता जाती है कि एक दिन में क्या-क्या शामिल होता चलता है, एक दिन कितनी यादों से लबरेज हो सकता है, एक दिन कितनी ज़रूरतों, कितने अकेलेपन, कितनी सामूहिकताओं, कितनी रसोइयों, कितनी गृहस्थियों, कितनी चिन्ताओं और कितनी परछाइयों से गुजर सकता है। या शायद कविता बताती ही नहीं, बस वह एक उड़ान भरती है और उसके साथ हम हो लेते हैं।

इसी उड़ान का एक अलग आस्वाद 'पत्नी' शीर्षक कविता सुलभ कराती है। सरल पाठ बता सकता है कि एक पत्नी की जिन्दगी में कितनी व्यस्तताएँ होती हैं, कैसे उससे घर-परिवार और जीवन बनता है, लेकिन कविता इस सरल पाठ के लिए नहीं बनी है। पूरी कविता में एक ऐसी सक्रियता, ऐसी गतिशीलता है, ऐसा स्पन्दन है जो सब कुछ जगमग कर दे रहा है, और इस जगमग के बावजूद वह उजली और सादी मनुष्यता कहीं ओझल नहीं होती जो इसे एक बड़ी कविता में बदलती है।

इसी तरह कदम रोक लेने वाली एक और कविता है 'गली', जो हरे दुपट्टे वाली एक लड़की के गुजरने से अचानक कुछ की कुछ हो जाती है। शोहदों, नामाज़ियों और चन्दनधारियों को एक कर देने वाली यह कविता भी अपने साथ व्याख्या की चुनौतियाँ लेकर चलती है—यह अलग बात है कि आख़िरी दो पंक्तियों तक आते-आते बहुत सपाट किस्म के भाषिक सयानेपन का प्रदर्शन करने की कोशिश में—'महफूज और सुरक्षित', 'आकाश और आसमाँ' और 'खुश और प्रसन्न' का खेल करते हुए कवि

कविता के मूल असर को जैसे भटका देता है– कविता की खुशबू उड़-सी जाती है।

लेकिन–और यह छोटा लेकिन नहीं है–इन बड़ी और महत्त्वपूर्ण कविताओं को छोड़ दें तो संग्रह की कई कविताएँ निराश करती हैं। जैसे लगता है, पंकज कविता नहीं, बस कविता का शिल्प रच रहे हैं। कुछ कविताएँ अधबनी-सी हैं तो कुछ अनमनी-सी। कुछ सपाटबयानी की शिकार हैं जो कुछ अतिरिक्त गूढ़ता की। कई बार समझ में नहीं आता कि कवि आखिर क्या सम्प्रेषित करना चाहता है। यह समस्या छोटी कविताओं के साथ ज्यादा है। एक छोटी-सी कविता है, 'बता दो'– *'धर्म का बहकना/बच्चों का चहकना/आग का दहकना/फूलों का महकना/मुझे बता दो इनमें से कौन क्रिया है कौन प्रतिक्रिया।'* या फिर 'शपथ' नाम की कविता–'सबके मुँह खुले हैं/मुट्ठियाँ बन्द/मेरा शहर शपथ ले रहा है।'

यह समस्या सिर्फ छोटी कविताओं के साथ नहीं है। कई दूसरी कविताओं में भी पंकज पर जैसे कुछ कहने, कुछ टिप्पणी करने, कोई पक्ष लेने की चिन्ता तारी हो जाती है। कुछ कहना, टिप्पणी करना या पक्ष लेना कोई बुरी बात नहीं, लेकिन वह कविता में सहज ढंग से चला आये तो ठीक, वरना ऐसी किसी बात की डण्डी पर कविता की छतरी तानने की कोशिश कविता की कौंध को कुछ बुझा डालती है। पंकज की कई कविताओं में यही होता है। कविता शुरू होती है, लेकिन कभी वक्तव्य में बदल जाती है तो कभी भटकाव में गुम हो जाती है। साफ है, पंकज ने जो मुहावरा बनाया है, वह बड़े वितान में तो जादू करता है, लेकिन छोटे स्थान में सिमट नहीं पाता। या फिर पंकज ऐसी छोटी कविताएँ लिखते हुए शायद कुछ हड़बड़ी या असावधानी के शिकार हो जाते हैं।

बहरहाल, इसमें सन्देह नहीं कि इन कविताओं के बावजूद पंकज इस दौर के महत्त्वपूर्ण कवि हैं। निस्सन्देह उनकी अच्छी कविताएँ बार-बार पढ़े जाने की माँग करती हैं और हाल के दौर में हिन्दी में लिखी गयी सबसे अच्छी कविताओं में शुमार की जा सकती हैं। यह देखना सुखद है कि बीते एक-डेढ़ दशकों में कई युवा कवियों ने अपना एक अलग मुहावरा विकसित किया है। संजय कुन्दन, आर चेतनक्रान्ति, पवन करण, हरे प्रकाश उपाध्याय, उमाशंकर चौधरी और ऐसे कई कवि हैं जो आठवें-नवें दशक की क्रान्तिगर्जना और आखिरी दशक के आत्मसीमन के आगे जाकर एक नयी कविता लिख रहे हैं जो चुप रहना भी जानती है और बोलना भी। इन सबके बीच पंकज राग की एक अलग जगह है जो इसलिए विशिष्ट हो उठती है कि उनकी कविता का वितान सभ्यता और संस्कृति, समाज और इतिहास के विराट प्रश्नों को बड़ी सहजता से समेटता है। एक तरह का सभ्यता विमर्श इन कविताओं के बीच से संभव होता दिखता है।

**ये भूमंडल की रात है : पंकज राग (पुस्तक वार्ता : मई-जून, 2010)**

# समय का नया सारांश

हिन्दी कविता के जाने-पहचाने मुहावरों के जरिये आशुतोष दुबे के दूसरे कविता संग्रह 'असम्भव सारांश' को पढ़ना उनकी कविता और अपने पाठ—दोनों के साथ अन्याय करना है। ऐसा नहीं कि ये मुहावरे उनके यहाँ नहीं हैं—कई कविताओं को इन मुहावरों में पढ़ा भी जा सकता है, लेकिन आशुतोष की कविता का सर्वश्रेष्ठ जहाँ सामने आता है, वे वैसी जगहें हैं जहाँ ये मुहावरे नाकाफी रह जाते हैं। वैसे शायद हर अच्छी कविता का एक गुण यह भी होता है कि वह बने-बनाये मुहावरों में नहीं अटकती, बल्कि उनको अतिक्रमित कर अपना एक नया अर्थ बनाती है।

जैसे घर और परिवार और वर्षों बाद मिलने और पिता और माँ को याद करने को लेकर हिन्दी में अनगिनत कविताएँ हैं। आशुतोष की कविता 'वो दिन और आज का दिन' पढ़ते हुए शुरू में लगता है कि यह फिर उसी बिखरते परिवार की भावुकबयानी होगी। कविता शुरू होती है माँ-पिता के साथ इकट्ठा हुए चार भाई-बहनों का ग्रुप फोटो खींचने की कोशिश से, जिसमें एक छोटे-से घरेलू कैमरे के हिसाब से सब एक-दूसरे से सटकर खड़े होते हैं, फिर उनके बीच बचपन का मुहल्ला आ जाता है, कई साल पुरानी शामें वापस लौट आती हैं, कई गुजरे हुए बूढ़े जीवित हो उठते हैं। लेकिन पुराने ढब की यह कविता अचानक एक नया आशय ग्रहण करती है जब हम पाते हैं कि *'लेकिन इस सुखद अवसन्नता का भी अन्त होना था/जब उन्होंने पाया कि सीधी धूल आँखों को चुभने लगी है/संवाद खत्म होते जा रहे हैं/एक विराट चुप्पी उनके बीच आकर बैठ गयी है/चलते-चलते वे एक ऐसी जगह आ गये/जहाँ अपरिचय है जबरदस्त/और उससे भी अधिक अनिच्छा है।'* कवि इस बदलाव से बनी उदासी को दुख की चादर नहीं उढ़ाता। दरअसल यही वह चीज है जो आशुतोष को इस नयी सदी का कवि बनाती है। यह समझ कि चीजें जिस तरह बिखर गयी हैं, नया समाज जिस नयी चाक पर गढ़ा जा रहा है, उसको लेकर विलाप भर पर्याप्त नहीं है, उसको बारीकी से समझने और स्वीकार या अस्वीकार की जरूरत है। आज के कई युवा कवियों के भीतर यह बदली हुई समझ है।

बहरहाल, आशुतोष दरअसल कुछ मुहावरों को पीछे छोड़ते हैं और अपनी उस जमीन को ठीक से पहचानने की कोशिश करते हैं जहाँ उनकी कविता सबसे वास्तविक आशयों तक पहुँच सके। जो दूसरा मुहावरा उनके यहाँ एक नयी शक्ल अख्तियार करता है, वह चीजों को बचाने का है। हिन्दी कविता इस फिक्र में भी खूब दुबली हुई है कि यह बचा लें, वह बचा लें—कुछ इस किनारे तोड़ लें और कुछ उस किनारे तोड़ लें, और सारे के सारे तोड़ लें की तर्ज पर। आशुतोष के यहाँ न यह बेचैनी है न हड़बड़ी, बल्कि इसकी जगह एक स्थिर और आलोचनात्मक विवेक है जिसके कन्धे पर रखा धैर्य का हाथ उनकी कविता को ज्यादा मानवीय बनाता है। यह चीज उनकी कविता को दुख की एक ऐसी गठरी बनने से बचा लेती है जो कि वक्त के किसी सन्दूक में पड़ी रहे और बाज वक्त उससे फटे चीथड़े निकालकर नये बन रहे समाज द्वारा दी जा रही खरोंचों पर पट्टी बाँधी जा सके।

वैसे सिर्फ आलोचनात्मक पड़ताल आशुतोष की कविता को विशिष्ट नहीं बनाती, उसका वैशिष्ट्य बनता है इस पड़ताल के बाद की प्रतिक्रिया से—एक हल्का-सा सवाल या सीधी-सी इच्छा या राय और इसके बाद एक धीरज-भरी चुप्पी जैसे उनकी कविताओं का अन्त है। यह बात हर कविता पर लागू भले न हो, लेकिन जैसे सारी बातचीत के बीच और बाद चुप्पी कविता का स्वभाव बन जाती है। चीजों का असम्भव सारांश करने की कोशिश में शायद मितकथन और फिर चुप्पी भी जरूरी औजार है।

लेकिन इतने भर सरलीकरणों के आगे दुनिया और भी है। आशुतोष के यहाँ कई तरह की मार्मिकताएँ दर्ज देखी जा सकती हैं। उनकी एक बेहद मार्मिक कविता है 'जो बच्चे अकेले खेलते हैं।' यह नये बन रहे परिवारों के उस सन्नाटे और अकेलेपन की कविता है जो बच्चों को इस जमाने में विरासत में मिलता है। इसके अलावा कुछ दूसरी तरह की चुस्त और चकित करने वाली कविताएँ भी हैं—जैसे 'समवाय'। हमारे सोने के साथ सोया हुआ दर्द भी हमारे जागते जाग जाता है और जब हम सोते रहते हैं तो वह सारे शरीर में चक्कर लगाता साथी दर्दों से मिलता रहता है। इसी तरह 'समस्या पूर्ति,' 'अभयारण्य' या 'विरुद्ध' जैसी कविताएँ भी एक विलक्षण काव्य आस्वाद पैदा करती हैं।

मगर यह आशुतोष का सर्वश्रेष्ठ है और उनके संग्रह में बहुत कुछ ऐसा भी है जो इस दायरे से बाहर है। वहाँ कभी-कभी मुहावरों का दबाव भी दिख पड़ता है, अमूर्तनों का आतंक भी और कुछ चीजों के बीच कविता खोजने की आधी-अधूरी कोशिशें भी। ऐसी जगहों पर उनकी कविता असम्भव सारांश का एक अन्य अर्थ व्यंजित करने लगती है और वे अनावश्यक जटिलता के कवि जान पड़ते हैं लेकिन तब भी उनका यह काव्य संग्रह हिन्दी के समकालीन संसार में एक अनुपेक्षणीय उपस्थिति है।

**असम्भव सारांश : आशुतोष दुबे (सहारा समय : 20 सितम्बर, 2003)**

# रोइए ज़ार-ज़ार क्या, कीजिए हाय-हाय क्यों

समकालीन यथार्थ की बेहद चौकन्नी पड़ताल, और उससे निकलने वाला बहुत तीखा– लगभग नसों में गड़ता– विडम्बना-बोध युवा कवि आर चेतनक्रान्ति की विशिष्ट पहचान है। इक्कीसवीं सदी के तहदार और जटिल सामाजिक यथार्थ को जितनी ममता और निर्ममता के साथ उनकी कविता उधेड़ती है, उसका कोई सानी नहीं। उनके पहले कविता संग्रह 'शोकनाच' से गुजरते हुए किसी नयेपन से रू-ब-रू होने का वैसा ही प्रमुदित विस्मय होता है जैसा कभी देवी प्रसाद मिश्र के पहले काव्य संग्रह 'प्रार्थना के शिल्प में नहीं' से हिन्दी के पाठक संसार को हुआ था। लेकिन चेतन की कविता न ऐसा कोई विस्मय पैदा करने की कामना से जन्मी है, न वह इस भाव को स्थायी रहने देती है। वह कोई राहत या सुकून नहीं देती, बल्कि पाठक को लगातार बेचैनी और स्तब्धता के एक जटिल संसार में लिए चलती है। निश्चय ही उसकी यह खासियत कवि की किसी निजी जिद का परिणाम नहीं है, बल्कि समकालीन यथार्थ को उसकी पूरी विडम्बनाओं के साथ पकड़ने के सतर्क और सुचिन्तित आग्रह का नतीजा है। अक्सर यह फिसलता हुआ यथार्थ हिन्दी के कवियों की पकड़ में नहीं आता—वे इससे आक्रान्त अवश्य होते हैं और इसे एक बुरे वक्त का नाम देते हैं लेकिन चेतन ऐसे किसी निपट सरलीकरण के शिकार नहीं होते। वे इस वक्त को उसकी बहुमुखी दुरभिसन्धियों के बीच पहचानते हैं और उसे व्यक्त करने के लिए अपने मुहावरे विकसित करते हैं। संग्रह की पहली ही कविता 'परिभाषित के दरबार में' चेतन की इस समझ का साक्ष्य है और उनके यहाँ विकसित हो रहे नये मुहावरे की मिसाल भी। सत्ता और प्रभुत्ता के साथ ज्ञान, पूँजी और प्रबन्ध का मेल कैसे पूरी सभ्यता को अपने हितों के हिसाब से अनुकूलित करने के उपक्रमों में लीन है, कच्ची ऊर्जाओं को काबू में करने के तरीके और समाज में जीने की नयी शर्त विकसित करने की कोशिश में किस तरह के पशु-छल शामिल हैं, लोकतन्त्र

नाम के हसीन चुटकुले और उसकी प्रेरक ईर्ष्याओं के बीच कैसे एक पूरी नागरिकता निषिद्ध की जा रही है, इन विडम्बनाओं का बयान करने वाली इतनी सघन और इतने अर्थों से लैस दूसरी कविता हिन्दी में तत्काल ध्यान में नहीं आती। एक जमाने में रघुवीर सहाय ने लोकतन्त्र की विरूपताओं के बीच बन रहे आदमी की कविता लिखी थी—चेतन जैसे अपने युवा थरथराते आवेग से उस कविता को आगे बढ़ा रहे हैं।

और जैसे रघुवीर की कविता सिर्फ राजनीतिक नहीं थी, बल्कि ज्यादा मानवीय आशयों में प्रकट होती थी, कुछ उसी तरह चेतन भी नितान्त राजनीतिक कवि नहीं हैं—आमफहम मुहावरे में कहें तो वे वृहत्तर सरोकारों के कवि हैं—वे नयी बन रही सभ्यता की विडम्बनाओं को पहचानते हैं और इसमें आदमी बने रहने की मुश्किलों को भी। उनकी ज्यादातर कविताएँ इस नयी बनती दुनिया से तालमेल बिठाने, उसमें अपने लिए जगह और मानी खोजने, इसकी व्यर्थताओं को समझने और इसके संकटों से जूझने की कोशिश के बीच बनती है। लेकिन इन कविताओं में आत्मदया, तकलीफ, शहादत या हाय-हाय का वह भाव नहीं है जो औसत हिन्दी कविता में अक्सर बुरे हालात के बयान के वक्त एक रिवाज की तरह चला आता है। इसकी जगह एक साफ-शफ्फाक दृष्टि और उससे भी साफ जुबान है जिसे मालूम है कि 'रोइए जार-जार क्या, कीजिए हाय-हाय क्यों'। तमाम पस्तियों और फिक्रों के बीच उन पर हँसने की कूवत रखता और बेफिक्र लगता ये गालिबाना अन्दाज चेतन की लगभग सारी कविताओं मे पहचाना जा सकता है। ध्यान दें तो यह वह चीज है जो चेतन की कविता को कातर होने से बचाती है और हकीकत पर उनकी बेहद ठोस पकड़ को किसी करुणा के प्रवाह में बह जाने से रोकती है। सत्तर और अस्सी के दशक की क्रान्तिकारी मुद्रा अपनाने वाली और नब्बे के दशक की खामोशी ओढ़ लेने वाली हिन्दी कविता के बरक्स चेतन अपने इसी अन्दाज से एक नया मुहावरा बनाते हैं। यह न क्रान्तिकारी कविता है, न चुप कविता है—लेकिन इसके बोलने में जमाने की एक हकीकत बोलती है और उसके साथ गुत्थमगुत्था इंसान बने रहने की जद्दोजहद भी। इस कविता को मालूम है कि औसत का जो राजमार्ग बनाया जा रहा है, उस पर चलने की मजबूरी को झेलने का जवाब अपने बोलने की आजादी को बचाए रखने और इस्तेमाल करने में निहित है। इस बोलने में आम तौर पर एक फक्कड़ और सधुक्कड़ी लहजा है जो इस जिद में बना दिखाई देता है कि जाओ, तुम्हारी व्यवस्था में हम शामिल नहीं। लेकिन कभी-कभी इसमें गुस्सा भी चला आता है, कबीराना व्यंग्य और तल्खी भी और कभी इसके आगे जाकर एक कवि का सात्विक शाप भी। गुजरात के नरसंहार के बाद लिखी उनकी कविता 'हत्यारे साधु जायें हत्या करने मेरा यह शाप लेकर' इस गुस्से और तल्खी से आगे आकर निकली है। 'संघे शक्ति' में यह गुस्सा एक दूसरा अन्दाज अख्तियार करता है—*'लो आ गये/अतीत की भूलों को सुधारने वाले/वे तुम्हारी स्मृतियों में संशोधन करेंगे/तुम्हारे*

*अनुभवों को नयी तरकतीब देंगे/और दुर्गनुमा संस्कृतनिष्ठ हिन्दी में/तुम्हें बताएँगे/कि हत्या करने के लिए तुम्हें/कितने आत्मानुशासन की जरूरत है/कि रक्त से निर्लिप्त रखने के लिए/तुम्हें कितनी गहरी आत्मिक शान्ति चाहिए... ।'*

समकालीन हिन्दी कविता बहुत सधी हुई कविता है। लेकिन चेतन का सधाव किसी शिल्प-सजगता से नहीं आया है, वह उस दो-टूक दृष्टि की उपज है जो आज के कवियों में कम दिखाई देती है। खोजें तो चेतन की कविता में परम्परा के कई रूप मिलते हैं और देखें तो ऐसी मौलिकता मिलती है जिसका जवाब नहीं। उनको पढ़ते हुए कभी-कभी राजकमल चौधरी याद आते हैं, कभी-कभी धूमिल, कहीं-कहीं विष्णु खरे भी—रघुवीर सहाय तो अक्सर, भले ही उनका प्रत्यक्ष असर दूर-दूर तक न दिखाई पड़ता हो। शायद राजनीतिक, समाज, दुनिया और इंसान के आधे-अधूरेपन को, उसकी विडम्बनाओं को, उसके छल को पकड़ने के निर्मम और अचूक कौशल की वजह से यह स्मृति बनती है। यह दरअसल किसी भी अच्छी कविता का गुण है कि उसे पढ़ते पूरी परम्परा याद आये। चेतन के घड़े में समाया हुआ आकाश बहुत बड़ा है। उसे खानों में नहीं बाँट सकते। लेकिन इसमें सबसे ज्यादा हमारा समय बोलता है—सुन्दर-सुरूप कामनाओं वाला भी, डरावने और कुरूप यथार्थ वाला भी। 'प्रयाण', 'हार्डवेयर की दुकान', 'गर्मियों की अगवानी' जैसी नायाब कविताएँ इस समय के अलग-अलग चेहरों की शिनाख्त हैं। अपने ढंग से देखने और अपने अन्दाज में कहने की कोशिश चेतन को लगातार नये इलाकों में ले जाती है। 'एक दृश्य की समग्र और कलात्मक अभिव्यक्ति की समस्या', 'लालबत्ती पर कविता वर्कशाप', 'सत्यबोध के कर्मचारी मकान मालिक के बच्चे और समय' और 'दस हजार की नौकरी और दाम्पत्य जीवन की एक सफल रात' जैसी कविताएँ इसकी मिसाल हैं। 'पैसे के बारे में एक महत्त्वाकांक्षी कविता के लिए नोट्स' जैसी बेहतरीन कविता भी चेतन की इस कोशिश से निकलती है।

इसी क्रम में चेतन कई बार उन बीहड़ों में दाखिल हो जाते हैं, जहाँ यथार्थ की कई छवियाँ एक-दूसरे को अतिक्रमित करती हैं, जहाँ लगता है, कवि खो या भटक भी रहा है—लेकिन यह काफी कम जगहों पर है और जहाँ है, वहाँ भी उसे वापसी का रास्ता आसानी से मिल जाता है। 'सीलमपुर की लड़कियाँ' ऐसी ही एक कविता है।

असल में चेतन यह समझते हैं यथार्थ को सीधे-सीधे ग्रहण करना, उठा भर लेना उसकी कई परतों से वंचित रह जाना है और इस तरह अन्ततः उसे नष्ट कर देना है। वे इस यथार्थ को ज्यादा से ज्यादा सम्भव प्रविधियों से उलटते-पुलटते हैं और आखिरकार उसका वह रूप सामने लाते हैं जिसमें उसकी ज्यादा से ज्यादा परतें अपनी सर्वाधिक मार्मिकता और विडम्बनाओं के साथ उजागर हों। संग्रह का नाम जिस कविता पर पड़ा है, वह 'शोकनाच' गुजरात के भूकम्प के बाद लिखी गयी है। यहाँ चेतन की कविता हिलती हुई जमीन पर डगमग-डगमग पाँव रखती शोक की जैसे एक

लीला रचती है। इस लीला में यथार्थ और अतियथार्थ के बीच की आवाजाही से बनती है एक ऐसी कविता, जिसमें एक निरुपाय, निष्कवच और निष्करुण यन्त्रणा का वह काफ्काई रूप सामने आता है जो सम्भवतः किसी दूसरे ढंग से शायद मुमकिन नहीं होता।

कुल मिलाकर तमाम तरह की बर्बरताओं और क्रूरताओं के खिलाफ खड़ी, साम्प्रदायिक अहंकार को उसकी औकात बताती और पुरुष दम्भ पर हँसती, सत्ता और बाजार के छल उजागर करती, लोकतन्त्र की हदों और मनुष्यता की निरुपायताओं पर मार्मिक ढंग से विचार करती चेतनक्रान्ति की कविता उन्हें हमारे समय का बेहद महत्त्वपूर्ण हस्ताक्षर बनाती है। उनका यह पहला काव्य संग्रह इस दौर की उपलब्धि की तरह आया है।

**शोकनाच : आर चेतनक्रान्ति (हिन्दुस्तान : 14 नवम्बर, 2004 )**

# रूप, रंग-रेखाओं और आवाज़ से बनी कविता

मिथिलेश श्रीवास्तव के काव्य संग्रह 'किसी उम्मीद की तरह' से गुजरते हुए कौन-सी चीज सबसे पहले ध्यान खींचती है? सम्भवतः वह व्याकुलता जो एक नितान्त असंवेदनशील समय और शहर में किसी व्यक्ति को घेरे रहती है। उनकी कविताएँ अपने-आप को, या भीड़ के कोलाहल में अपनी उस आवाज को बचाने की कोशिश के रूप में पढ़ी जा सकती हैं जो मनुष्य को रास्ता बताती है, या कम से कम यह बताती है कि वह किस तरह भटक रहा है, जो अगर कहीं और नहीं तो उसके भीतर ही उसकी वापसी की एक सड़क बनाती है। यह कविता वह जगह बनाती है जहाँ व्यक्ति खड़ा होकर अपनी शर्तों पर अपने चित्र बना सकता है, जहाँ वह मनचाहे रंग चुन सकता है, जहाँ वह अपनी उदासियों और चुप्पियों को भी पेंट कर सकता है, और ऐसा करते हुए उन ग्राहकों की परवाह करने से बच सकता है जिसकी अन्यथा उसे परवाह करनी पड़ती है।

मिथिलेश श्रीवास्तव के लिए कविता लेकिन इतने भर का शरण्य नहीं है। यह तो वह प्राथमिक भूमिका है जो उनके लिए कविता को एक जरूरी उपक्रम बनाती है। धीरे-धीरे इसकी मार्फत उनके दूसरे सरोकार खुलते चलते हैं। वे अपने घर को नयी आँखों से देखना शुरू करते हैं। अपने शहर को नये सिरे से पहचानने लगते हैं। सलमान रुश्दी के उपन्यास 'मिडनाइड्स चिल्ड्रेन' की एक किरदार अमीना एक बार पुरानी दिल्ली की तंग और बदहाल गलियों में जाती है तो सहसा अपनी शहरी आँखें खो देती है। उसे अचानक भान होता है कि हम सबने अपने चेहरे पर शहरी आँखें लगा रखी हैं। जब ये आँखें उतरती हैं तो हम पाते हैं कि असल दुनिया कैसी है, कितने अभावों और संकटों से घिरी है, उसमें गरीब बच्चों के चेहरे कैसे दिखते हैं। कविता लिखने की प्रक्रिया अपनी शहरी आँखों को अलग करने की प्रक्रिया भी है, इसकी तस्दीक मिथिलेश श्रीवास्तव की कविताएँ करती हैं। इसी प्रक्रिया की वजह से घर में हुई सफेदी के बहाने मिथिलेश श्रीवास्तव एक समग्र माहौल और अतीत

को नये सिरे से जी लेते हैं। खोयी हुई गेंदें मिल जाती हैं, पुरानी चिट्ठियाँ फिर से अपनी याद दिलाने लगती हैं, चाभियों के गुच्छे कई बन्द तालों के खुलने की सम्भावना के साथ सामने आ जाते हैं :

'एक गुच्छा चाभियों का मिला
कुछ तालों की इस बीच दूसरी
चाभियाँ बन चुकी थीं
कुछ ताले फेंके जा चुके थे
कुछ को जंग खा गया था
कुछ चाभियाँ थीं जिन्हें हम नहीं खोजना चाहते थे
जिनके मिलने पर हुआ कुछ
अफसोस-सा।'

मिथिलेश श्रीवास्तव के संग्रह की यह एक महत्त्वपूर्ण कविता है। शायद उन बहुत कम कविताओं में एक जिनके संकेत बहुत दूर तक जाते हैं। हम सबके भीतर ढेर सारे कमरे होते हैं। उनमें से कुछ सबके लिए खुल जाते हैं, कुछ बहुत कम लोगों के लिए खुलते हैं। कुछ ऐसे भी कमरे होते हैं जिन्हें हम खोलना नहीं चाहते और कुछ ऐसे भी जिनका हमें भी पता नहीं होता। ऐसे में वे चाभियाँ मिल जायें जो समय के इन जंग खाये तालों को एक आदिम-सी झनझनाहट के साथ हमारे लिए खोल दें तो हम किंचित विस्मित, किंचित खुश, किंचित उदास अपने सामने खड़े रह जाते हैं। अपने-आप को नये सिरे से पहचानते हुए।

कविताएँ वे चाभियाँ हैं जिनसे मिथिलेश अपने भीतर के बन्द पड़े और इकट्ठा हो रहे अनुभव खोलते हैं। उनकी कविता में जिये हुए दिनों की स्मृतियाँ हैं, घर से दूर होने की कसक है, मध्यवर्गीय चिन्ताओं की घनी होती रेखाएँ हैं, बीमार पिताओं की बेटियों का बचपन है जो ताखे पर उनके सपनों और उनकी विजयों के साथ पड़ा हुआ है। ये कविताएँ मध्यवर्गीय जीवन के लगातार मुश्किल होने की प्रक्रिया को बिना किसी 'लाउडनेस' के सामने रखती हैं। साथ ही उस संघर्ष को भी जो सारी स्थितियों के बावजूद मनुष्य होने के बोध को बचाये रखता है और इसीलिए जारी रहता है।

रंग-रोशनियाँ, आकृतियाँ और आवाजें मिथिलेश की कविता का संसार बुनने में मदद करती हैं। महानगर के गड्डमड्ड में व्यक्ति जब भीड़ के रूप में और स्वर सिर्फ शोर के रूप में पहचाने जा सकते हों, मिथिलेश की कविता उन्हें अलग-अलग पकड़ती है। अचानक हम पाते हैं कि आवाजें व्यक्तियों तक ले जा रही हैं, वे याद दिला रही हैं कि *'दूर कहीं बूढ़ी हो रही एक माँ है/एक बेरोजगार भाई है जो घर/देर से लौटता है या किसी रात/लौटता ही नहीं है/लौटकर बिस्तर में लेट जाता है/सपना देखने और नींद में बड़बड़ाने से/बचना चाहता है...।'*

ऐसा नहीं है कि मिथिलेश श्रीवास्तव का कविता संसार सिर्फ निजी प्रसंगों और

व्यक्तिगत अनुभवों तक ही सिमटा हुआ है। उनका एक सामाजिक, और कुछ हद तक राजनीतिक विस्तार भी दिखता है। 'बोंसाई' और 'बच्चे चाहिए' जैसी कविताएँ एक नितान्त भिन्न जमीन पर खड़ी हैं जहाँ हम मिथिलेश श्रीवास्तव के कवि को कुछ व्यंग्य से, कुछ भारीपन से, और कुछ लगभग चीखते हुए गुस्से के साथ बोलता पाते हैं : *'बच्चे चाहिए/कैनवास पर मासूमियत और क्रूरता के प्रतीकों के लिए/फिल्मों में रोने और कविता में सन्नाटा बुनने के लिए/ढाबों में ग्राहकों की झिड़कियाँ सुनने/...लावारिसखानों को बच्चे चाहिए ताकि खाने के पैकेट मुफ्त बाँटे जा सकें।'*

लेकिन इसी कविता से उनकी सीमाएँ भी स्पष्ट होने लगती हैं। यह कविता निश्चय ही एक सच्चे गुस्से की उपज है। मगर यह सच्चा गुस्सा कुछ अच्छी पंक्तियों के बावजूद कविता को सपाटबयानी का शिकार बना देता है। इतना ही नहीं, वह उस संवेदना और विचार प्रक्रिया के आगे एक चादर-सी तान देता है जो अगर सम्भव होती तो लावारिस और गरीब बच्चों को लेकर एक बहुत ही अच्छी कविता लिखी जा सकती थी। कवि शुरू में ही उन लोगों पर बरस पड़ता है जो इतने सारे बच्चे पैदा करते हैं और उन्हें पेट भर खाना भी नहीं खिला सकते।

बहरहाल, इस एक कविता पर इतने विस्तार से चर्चा जरूरी नहीं। कविता संग्रह चावल की हाँडी नहीं होते कि एक चावल देखकर उनके पके-अधपके होने का अन्दाजा लगा लिया जाये। मिथिलेश श्रीवास्तव की कई कविताएँ बारीकी के साथ सत्ता का गुरूर और खोखलापन उजागर करती हैं। इस अर्थ में वे राजनीतिक कविताएँ कही जा सकती हैं।

लेकिन मिथिलेश श्रीवास्तव की कविताएँ इतना सब कुछ होते हुए भी किसी एक बिन्दु पर आकर ठहर जाती हैं। वे अच्छी लगती हैं, सच्ची प्रतिक्रियाओं की उपज लगती हैं, लेकिन वे बड़ी कविताएँ नहीं हैं। उनमें कुछ छूटता प्रतीत होता है। वे एक कवि की चिन्ताओं से, उसके सरोकारों से परिचित तो कराती हैं, मगर बहुत गहरा असर नहीं छोड़तीं। एक अनुभव जो एक पल में बनता है, अगले ही पल विलीन हो जाता है। ऐसा क्यों होता है?

क्या इसलिए कि कविता को वे सहज प्रतिक्रियाओं से अर्जित करते हैं? मिथिलेश श्रीवास्तव के सम्भवतः समवयस्क और हमारे समय के निश्चित रूप से एक बेहद प्रखर कवि देवी प्रसाद मिश्र के एक वक्तव्य का इस सन्दर्भ में ध्यान आता है। एक जगह उन्होंने लिखा है, "मेरे ऊपर कविता इतने सहज तरीके से आयत्त होना भी चाहे तो मैं ऐसा होने नहीं दूँगा। कविता के स्रोत होते ही नहीं, तलाशने भी पड़ते हैं। संवेगों पर इसलिए बहुत ज्यादा समय तक भरोसा नहीं किया जा सकता।"

मिथिलेश श्रीवास्तव की कविताएँ पढ़ते हुए यह लगता है कि वे सहज संवेगों पर बहुत भरोसा करके चलते हैं। नतीजा यह होता है कि निजी तकलीफों या अपनी स्थिति के बयान तक वे विश्वसनीय बने रहते हैं, स्मृति और सम्बन्धों की दुनिया में

उनकी आवाजाही एक हद तक सुखद लगती है, लेकिन इसके बाद हम पाते हैं कि 'निजी' का जो सामाजिक सन्दर्भ बन रहा है, स्मृति और सम्बन्ध हमारे समय में जो हस्तक्षेप कर रहे हैं, उनमें एक आधा-अधूरापन है—साहित्य और विचार दोनों स्तरों पर। शायद इसलिए भी कि जिस प्रक्रिया से मिथिलेश श्रीवास्तव कविता को अर्जित या सम्भव करते हैं, उसमें राजनीतिक-वैचारिक आग्रहों के प्रति एक अनमनापन-सा है।

फिर भी दृश्यों को देखना और उनमें से अपने हिस्से की कविताएँ निकाल लेना मिथिलेश श्रीवास्तव को आता है। उन्हें पता है कि *'सधी न हों उँगलियाँ/तो खेल में फेंकी गयी कौड़ियाँ/हो जाती हैं लक्ष्यहीन/सधी न हों उँगलियाँ/तो आदमी के चेहरे की जगह गढ़े जा सकते हैं/चेहरे राक्षस के।'* मगर यह शिल्प सजगता उन्हें शिल्प की सीमाओं के प्रति भी चौकन्ना बनाती है। 'सधी हुई उँगलियाँ' नाम की अपनी इसी कविता में वे कहते हैं : *'उँगलियाँ इतनी सधी भी न हों/कि काट लें दूसरों की जेब/दूसरों की भाग्यरेखाएँ खरोंच दें।'*

शायद यही चौकन्नापन मिथिलेश श्रीवास्तव की कविताओं को महज शिल्प का उत्पाद होने से बचाता है। वरना आज की हिन्दी कविता कई बार अपना ही पुनरुत्पाद लगती है। शिल्प की कुछ डिजाइनें बन गयी हैं जिन पर आसानी से कविताएँ लिखी जा सकती हैं। विषय भी नियत हैं और उन्हें सधे हुए हाथों से फैलाया भी जा सकता है। एक सीमा तक मिथिलेश में भी कुछ पुराने कवियों की अनुगूँजें बहुत साफ-साफ सुनाई पड़ती हैं। मगर मिथिलेश इस सीमा से आगे शिल्प का यह खेल नहीं करते, यह सुखद है। यह भी सुखद है कि उनकी कविता स्मृति से बहुत आक्रान्त नहीं है। वरना अपने घर लौटने, उन्हीं दिनों को दुबारा जीने, उन्हीं सड़कों पर दुबारा चलने, उन्हीं खुशबुओं और सनसनाहटों को दुबारा महसूस करने की जो भावुक बेचैनी अमूमन हिन्दी कविता में दिखाई पड़ती है वह एक तरफ तो वर्तमान से उसका नाता तोड़ देती है और दूसरी तरफ अतीत से भी उसका कोई संवाद सम्भव नहीं रहने देती। मिथिलेश को भी वे दिन याद आते हैं, मगर वे उनकी पीठ पर उस तरह लदे हुए नहीं हैं जैसे वही उनकी एकमात्र सम्पदा हों।

मिथिलेश की कविता एक स्तर पर उस अनुभव की कविता भी है जिसे हम महानगरीय सन्त्रास कहते हैं। शहर-शहर चक्कर काटते या महानगरों में फँसे नौकरीपेशा मध्यवर्ग की तनावग्रस्त दिनचर्या के कई स्वर इन कविताओं में दिखाई पड़ते हैं। महानगरीय दिनचर्या की तलवार मनुष्य को खंडित करती चलती है। वह सिर-पैर-धड़ विचार-अनुभव किसी को साबुत नहीं रहने देती। वह आसमान को बहुमंजिला इमारतों के भाले से बींध डालती है और जमीन को फ्लाई ओवरों के जाल से टुकड़ा-टुकड़ा कर डालती है। ऐसे में एक टुकड़ा आसमान, थोड़ी-सी धूप, थोड़ी-सी छाया—इन्हीं सबके बीच जीवन और कविता को तलाश करना एक मजबूरी है।

लेकिन जो यह काम करते हैं उनके लिए चुनौती बड़ी हो जाती है। यहाँ एक संकट दिखाई पड़ता है। यह अक्सर महसूस होता रहा है कि हिन्दी कविता महानगर की तो हुई है, मगर वह महानगर से बचती है। महानगर उसके लिए एक निजी दुख है, उस प्रक्रिया का हिस्सा नहीं जिसमें गाँव या छोटे शहर नष्ट हो रहे हैं और महानगर बन रहा है। इस दुख से भागती हुई हिन्दी कविता स्मृति की शरण में आती है और अपने गाँव-देहात या नगर को याद करती है। कहीं-कहीं यह पलायन मिथिलेश में भी दिखाई पड़ता है।

हालाँकि इन छोटी-छोटी आपत्तियों के बावजूद मिथिलेश श्रीवास्तव का संग्रह किसी उम्मीद की तरह ही आता है और उनके भविष्य के प्रति आश्वस्त करता है।

**किसी उम्मीद की तरह : मिथिलेश श्रीवास्तव (गगनांचल : अक्टूबर-दिसम्बर, 1999)**

# पृथ्वी पर जीता-जागता जीवन

आमतौर पर पत्रकारिता और कथा-साहित्य में अपनी उपस्थिति के लिए चर्चित मधुसूदन आनन्द को एक कवि के रूप में पढ़ना एक सुखकर अनुभव है। पत्रकारिता कविकर्म की तात्कालिकता के दबावों से जोड़ती है, ऐसा मानने वालों को मधुसूदन आनन्द के पहले काव्य संग्रह 'पृथ्वी से करें फरमाइश' की कविताएँ इस अर्थ में विस्मित कर सकती हैं कि इनमें तात्कालिकता का या वर्तमान के सामाजिक-राजनीतिक दबावों का आग्रह कतई नहीं है। उनकी कविता कुतूहल के साथ प्रकृति, पृथ्वी और उसके अवयवों को देखती हुई कविता है। इनमें एक स्वाभाविक आत्मीयता है जो अपने परिवेश से कवि के लगाव की सहचरी मालूम होती है। यह लगाव कवि को इस समूची प्रकृति को नये सिरे से देखने की सामर्थ्य देता है। निश्चय ही इसमें पुराना 'रोमेंटिसिज्म' नहीं है या हिन्दी के छायावादी कवियों की तरह प्रकृति को अमूर्त्त रहस्यमयता प्रदान करने की चेष्टाएँ नहीं हैं। यह 'पानी का स्वाद' पहचानने की सामर्थ्य है, मिठास के लिए सर पटकते समुद्र की बेचैनी पढ़ पाने की क्षमता है।

इधर हिन्दी में पृथ्वी और प्रकृति को सम्बोधित कई संग्रह सामने आये हैं। इनमें प्रकृति से मनुष्य के रिश्ते के एक आधुनिक बोध, पृथ्वी, हवा, मिट्टी और पानी से एक नयी संवेदना, और उजाड़ी जा रही हरियाली और बढ़ रहे मरुस्थलों के प्रति एक जरूरी बेचैनी को आकर लेते देखा जा सकता है। 'पृथ्वी से करें फरमाइश' में भी यह बोध, बेचैनी और संवेदना है। इन कविताओं में जो चीज छूती है वह इस पृथ्वी के साथ कवि के निजी संसार का तादात्म्य है। संग्रह की एक छोटी-सी कविता है : *'मैं होना चाहता हूँ पृथ्वी/मैं पहाड़ों जंगलों नदियों समुद्रों/और शहरों को/अपने में रचाकर-बसाकर/धैर्य और जिज्ञासा में/सूर्य के चारों तरफ/चक्कर लगाना चाहता हूँ।'* ऐसे ही एक अन्य कविता 'विचार' में कवि लिखता है : *'तुम हो एक पृथ्वी/जो पृथ्वी पर लौट रही है।'* *कवि को पण्डित मल्लिकार्जुन मंसूर की आवाज सुनते हुए भी 'पृथ्वी की गूँजें-अनुगूँजें', 'सुनने से ज्यादा दिखाई पड़ती हैं।'*

वस्तुतः मधुसूदन आनन्द का कवि पृथ्वी के साथ अपने इस तादात्म्य को उन्हीं छोटी-छोटी चीजों और उस स्थितियों की मार्फत सम्भव बनाता है जिनसे उसकी अपनी दुनिया बुनी हुई है। घर, माँ, बेटी, पत्नी, अभाव, सुख, विध्वंस, रचना, प्रेम और इन सबके साथ-साथ निरन्तर अपने-आप को टटोलती हुई, और अपने भीतर की आवाजों को पढ़ते-सुनने का यत्न करती हुई एक संवेदना है जो संग्रह की बहुत सारी कविताओं का आधार है। कहने को हिन्दी की मध्यवर्गीय कविता का यह पारम्परिक आधार है, मगर इन सबसे जुड़ा कवि का अनुभव जिस तरह, चुप-चाप और बिना किसी प्रयास के कविता में ढल जाता है, वह चीज इन कविताओं को एक तरह की त्वरा देती है। एक कविता 'ट्रक में घर' की कुछ पंक्तियाँ द्रष्टव्य है : *अभी रुकेगा ट्रक/किसी बस्ती में/किसी मकान के सामने/दरवाजों और खिड़कियों से/निकल आएँगे बच्चे और औरतें/और देखते ही देखते/देख डालेंगे पूरा घर॥ ट्रक से उतरेगा उदास/मकान की मिन्नत करेगा कुछ देर/दीवारें रहेंगी तटस्थ/दरवाजें अनमने से खुलेंगे/मकान बनेगा धीरे-धीरे घर।'*

ऐसा नहीं है कि मधुसूदन आनन्द की कविताओं का घर बाहर के तनावों और दबावों से निर्लिप्त है। बाहर की प्रतिक्रियाओं, हलचलों और विसंगतियों को यह घर बारीकी के साथ देखता है और चुपचाप उनके दुख में शामिल हो जाता है। 'वहीं-कहीं से' कविता में अस्पताल से अपने बच्चे का शव लेकर लौटते दम्पती को देखता हुआ कवि अलग से कुछ नहीं कहता, मगर बिना कहे एक जरूरी सम्प्रेषण को सम्भव बना डालता है। साफ पता चलता है कि अपने गुस्से या अपनी तकलीफ को जल्दी-जल्दी कह देने की व्यग्रता कवि में नहीं है, वह उन्हें अपने भीतर जज्ब करता है और इस प्रक्रिया में ठहरकर एक छूने वाली रचना सामने आती है। ऐसी ही एक अर्थपूर्ण कविता है 'ड्राकुला' जो हमारी स्मृतियों में जगह बनाती हैं : *'रोज-रोज खून पीकर/थक गये होंगे ड्राकुला/लो आज चखो नमक/...खून नहीं नमक को चखो/ये बाहर को निकले दाँत/ये इन्द्रियों के आसपास बने जाले और मकड़ियाँ/ये शंकाओं से घिरा अँधेरी गुफाओं वाला मन/नमक के स्वाद में चमकेंगे-निर्मल और सफेद/नमक बर्फ की तरह गला देगा फिर/कर देगा मुक्त और/पवित्र वाष्प धीरे-धीरे उठ रही होगी भीतर।'*

संग्रह की कई कविताओं पर मृत्यु की छाया है, या उसकी अपरिहार्यता का अहसास है, हालाँकि इसमें उदासी तो है मगर आतंक नहीं। एक दिन कवि नहीं रहेगा, माँ फुर्र से उड़ जाएगी, बेटी का शरीर पहुँच से दूर की मिट्टी होगा—कई बार जीवन के प्रति अनुराग हमें मृत्यु के बारे में सोचने को विवश करता है। इन कविताओं में शायद यही बात है— पल-पल में व्यक्त और व्यतीत अनुभवों में जीवन को पढ़ते-पकड़ने की कोशिश। कई अच्छी कविताएँ ऐसी ही कोशिशों के बीच से निकली हैं।

**पृथ्वी से करें फरमाइश : मधुसूदन आनन्द (जनसत्ता : 23 अप्रैल 1995)**

# नारी आवाज़ में नया मिज़ाज

भारतीय समाज मे आज की स्त्री का अनुभव संसार पहली बार पुरुष की पकड़ से छूटता नजर आ रहा है। यह एक नया बोध है नारी-मुक्ति का नहीं, बल्कि नारी संवेदन की मुक्ति का, उसे सार्वजनिक कर सकने के अधिकार और अभ्यास का। अर्चना वर्मा का काव्य संग्रह 'लौटा है विजेता' इस नये बोध का सार्थक और वैध प्रस्ताव है। इस काव्य संग्रह की दुनिया सिर्फ स्त्री की निगाह से देखी गयी दुनिया है, उसके अनुभवों से तोड़ी और रची जाती दुनिया है। इस दुनिया को बार-बार तोड़ती और रचती इस संग्रह की कविताएँ पुरुष वर्चस्व के प्रत्यक्ष और प्रच्छन्न कई रूपों को खंडित करती हैं। मगर उनका वैशिष्ट्य इस खंडन में निहित नहीं है, बल्कि उस बनावट में मौजूद है जिसे हम नारी संवेदना के नये विस्तार के रूप में पहचान सकते हैं।

रचनारत स्त्री के हिस्से का यह यथार्थ अनुभूति के स्तर पर तो नहीं, मगर अभिव्यक्ति के स्तर पर नया अवश्य है। यथार्थ की इस जमीन को ठीक से पहचानते हुए ही 'लौटा है विजेता' की कविताओं का पूरा आस्वाद हासिल किया जा सकता है। इस संग्रह की स्त्री अपनी दी हुई दुनिया को ज्यों का त्यों स्वीकार नहीं कर लेती, उसे उलट-पुलटकर देखती है, उसकी सीमाओं पर मायूस होती है और उसकी व्यापक सम्भावनाओं को सिरजती भी है। इस क्रम में पाठक तक आते-आते यह दुनिया बदल तो नहीं जाती, थोड़ी अनजानी अवश्य हो जाती है। ऐसा नहीं है कि ये कविताएँ स्त्री की परम्पराप्रदत्त दुनिया का निषेध करती हैं, बल्कि इस दुनिया के उन हिस्सों को ज्यादा तीव्रता के साथ प्रकाशित करती हैं जहाँ स्त्री का वजूद घायल होता रहता है। *'आज उसने फिर/तुम्हारे गलत को गलत/नहीं कहा/बच्चे को बेबात पड़ा थप्पड़/अपने गाल पर सहा/औरतों की बेअक्ली पर/तुम्हारा लतीफा सुना/और न सुनने का/बहाना किया, बल्कि/खुद ही जुटा दिये/अपनी बेवकूफी के सबूत/और तुम्हारे दम्भ को/सहलाया/आज उसने फिर/तुम्हारे बेबस बड़प्पन पर/तरस खाया।'*

घर की चारदीवारी तक सिमटा स्त्री का अभिमान किस तरह तिल-तिल कर

चोटिल होता है और किस तरह वह अपने भीतर की कविता हर रोज अँगीठी सुलगाने के पहले उसमें डाल देती है, इस दर्द की स्त्री-गाथा पुरुषवादी वर्चस्व से मुक्त होने के बाद ही कही जा सकती थी। अगर इस स्त्री गाथा का अगला पड़ाव वह बची हुई साँस भी है जो तमाम निचुड़ते हुए भी वह स्त्री अपने भीतर कायम रखती है।

'सबूत' कविता की पंक्तियाँ द्रष्टव्य है : *'क्या है इस औरत में, तुम/मुस्कुरा कर पूछते हो/चौबीस घंटों को निचोड़ कर/अड़तालीस में बदलती भी/क्यों निचुड़ती नहीं पूरी तरह/थोड़ी-सी बाकी रह जाती है/किसके लिए बचाती है/एक साँस...'*

मगर स्त्री का यह अनुभव, यह नया बोध सिर्फ घर तक सीमित नहीं है। वह जीवन के बाकी सारे सरोकारों से भी खुद को जोड़ती है, अपनी प्रतिबद्धता की दिशा निर्धारित करती है और नतीजे में सामने आती हैं कुछ बेहद मार्मिक कविताएँ। एक ऐसी ही कविता है 'मुखपृष्ठ पर मैकू'।

सड़क के किनारे चूल्हा जलाते, रोटी पकाते मैकू का वजूद किसी नामी पत्रिका के मुखपृष्ठ पर परोसे जाने से ज्यादा की अहमियत नहीं रखता। मार खाये हुए हिन्दुस्तान की किस्मत पर माथा ठोकते प्रभु-वर्ग की मूल निराशा बस इतनी है कि मैकू उसके लिए मसाला बनने लायक बातें कायदे से कह नहीं पाता। लेकिन मैकू की आँतों में धधकती हुई आग और घर लौट आने की उसकी बेबस प्रतीक्षा उस 'ईश्वर' की समझ में नहीं आ सकती। या समझ में भी आये तो यह 'ईश्वर' की दिलचस्पी का विषय नहीं है। इसी तरह 'भोपाल-84' कविता एक बड़े परिदृश्य में भोपाल गैस त्रासदी के दर्द को स्वर देती है : *'हमारे हिस्से में हर बार/यही आधा शहर आता है जो/नये सिरे से उजाड़ा जाता है/हर बार।/कभी पानी कभी आग।/कभी बहा कभी ढहा/ इस बार तो/हवा भी शामिल थी/षड्यन्त्र में हमला/हमने साँसों पर सहा/उजड़ने का ढंग बदला हर बार/उजड़ने वाली चीजें वही थीं मगर/हमारे घर हमारे हिस्से का आधा शहर।'*

महत्त्वपूर्ण यह है कि ये कविताएँ महज स्थितियों या हादसों से उपजी सहानुभूतिशील प्रतिक्रियाएँ नहीं हैं, वरन् इनमें मौजूद प्रतिरोधी चेतना एक वैचारिक आधार लेकर उभरती दीखती है। इस वैचारिक आधार पर सबसे सकारात्मक पक्ष यह है कि ये किसी स्थूल या वाचाल नारेबाजी से मुक्त कविताएँ हैं और इनमें एक अन्तर्मुखी उद्वेलन विद्यमान है जो इन्हें सघनता और गहराई देता है। इसके बावजूद न तो इनमें व्याप्त प्रतिरोध का स्वर क्षीण पड़ता है और ना ही इनकी पक्षधरता पर आँच आती है।

अलबत्ता अर्चना वर्मा की कविताओं का संसार लौटकर उसी घर-आँगन के आसपास आ खड़ा होता है जिसे आमतौर पर स्त्री के संसार की संज्ञा दी जाती है। प्रथमतः और शायद अन्तिम तौर पर भी ये स्त्री संवेदना की कविताएँ है— इस फर्क के साथ कि इन कविताओं की स्त्री इस घर को आँगन में खिंची हुई मर्यादा की नकली

लकीरों और अपने ऊपर थोपे जा रहे चलन को अस्वीकार करती है और अपने 'होने' को बचाये रखने के लिए 'बड़े पहाड़' के खिलाफ भी खड़ा होने को तैयार हो जाती है। संग्रह की एक महत्त्वपूर्ण कविता 'कीमत' इस अस्वीकार और उसकी वजहों की भी बहुत सधे हुए ढंग से रखती है : *'एक वर एक घर एक वादा/एक कुल एक नाम एक मर्यादा/बहुत-सी वे चीजें थीं बहुत कुछ कीमती/जिन्हें आगे चलकर मुझे पाना था लेकिन/अगर उनकी कीमत चुकाना था तो/एक ही कसौटी थी कि/मरना भी उनके लिए मुझे मंजूर होता या फिर/कम से कम इतना तो जरूर होता कि/मरने की एक बेहद धीमी रफ्तार को/मैं जीना कह पाती... ।'*

मगर यह स्त्री इस दोहरी बेईमान जिन्दगी को अनुकूलन क्षमता का नाम देने से इनकार करती है। इस तिल-तिल कर मरने को वह जीवन मानने के लिए तैयार नहीं है और कहती है : 'पर कैसे क्या जाने हुआ कि/मैं जो हूँ वही होने की छोटी-सी इच्छा/उनके उस ढेर से बड़ी हो गयी/सच ही यह मैंने नहीं/उन्होंने ही किया कि/एक बेबस बेचारी-सी जान/इतने बड़े पहाड़ के ख़िलाफ खड़ी हो गयी।'

'लौटा है विजेता' की कविताएँ इस नव-नारीवादी परिदृश्य में अपने वजूद की सही-सही पहचान, अपने प्रतिरोध की स्पष्ट अभिव्यक्ति और अपने सरोकार के बहुमुखी विस्तार के साथ सहसा पठनीय हो उठती हैं।

**लौटा है विजेता : अर्चना वर्मा (जनसत्ता : 2 फरवरी, 1995)**

# परिवेश की प्रतिध्वनियाँ

कविता की दुनिया में इन्दु जैन की आवाजाही पुरानी है। मगर यह आवाजाही महज दुहराव को जीने की आदत जैसी नहीं है, बल्कि हर यात्रा में नये रास्तों, चौराहों और मोड़ों की तलाश कवयित्री का लक्ष्य दिखती है। इन्दु जैन के सातवें काव्य-संग्रह 'यहाँ कुछ हुआ तो था' की कविताएँ इसी तलाश के एक नये प्रस्थान बिन्दु की तरह है। इन कविताओं में अपने आस-पास की दुनिया को गौर से देखती हुई आँख है, जड़ नजर आने वाली घटनाओं के नीरस सिलसिले के बीच कुछ स्पन्दित अलोड़ित होते हुए, 'कुछ चुपचाप घटते हुए को' पकड़ने का यत्न है और इन सबको भाषा की दुनिया में ले जाकर ज़ाँचने-परखने की आदत है। अपने परिवेश से कवयित्री का वास्ता इन कविताओं को ज्यादा फैली हुई जमीन उपलब्ध कराता है और एक अन्तरंग संवेदना इन्हें गहराई देती है। इस परिवेश की ध्वनियाँ, इसके दृश्य, इसकी हलचलें कवयित्री के भीतर किसी नितान्त अकेली प्रतिक्रिया या टिप्पणी को जन्म नहीं देतीं, बल्कि नयी प्रतिध्वनियों, नये दृश्यों और नयी हलचलों में ढल जाती हैं। इस रूपान्तर में ही वह कविता अंकुरित होती है जो अपने परिवेशगत यथार्थ के साथ व्यापक सरोकार रखते हुए भी उससे निर्देशित नहीं होती, कवयित्री के भीतर से उगी हुई नजर आती है। ये किसी को सम्बोधित कविताएँ नहीं हैं, ना ही 'मोनोलॉग' हैं, हालाँकि कहीं-कहीं इनमें सम्बोधन भी है और एकालाप भी लेकिन ये सब उस बड़ी अनुभव-यात्रा का हिस्सा हैं, जिनके एक सिरे पर कवयित्री है और दूसरे सिरे पर सर्जक के रूप में ढलता पाठक। कहने की आवश्यकता नहीं है कि कविता, या कला और साहित्य की किसी भी विधा की सार्थकता इस बात में भी निहित है कि वह पाठक, श्रोता या दर्शक द्वारा किस हद तक पुनर्सृजन की प्रक्रिया से गुजरती है।

'यहाँ कुछ हुआ तो था' की कविताओं को कवयित्री ने तीन खंडों में बाँटा है। पहला खंड है 'बाहर', जाहिर है कि इसमें बाहर के सरोकारों से जुड़ी दुनिया की कविताएँ हैं। इन कविताओं में एक तरह की चित्रात्मकता है। इन्दु जैन पहले

स्थितियों को रचती हैं और फिर इन स्थितियों के बीच अचानक कोई बात पैदा कर देती हैं जिससे कविता को एक विशिष्ट प्रभाव हासिल हो जाता है। लेकिन यह इन कविताओं में प्रयुक्त एकमात्र शिल्प नहीं है। इन कविताओं में सामाजिक जीवन और रोजमर्रा के ढेर सारे प्रसंग हैं और एकाध स्थलों पर राजनीतिक स्थितियों के प्रति तीखा गुस्सा और साथ ही उदासी भी है, बेबसी भी है और उम्मीद भी है। 'अभिजित' कविता में वह लिखती है : 'तुम मेरी उदासी हो अभिजित/इस टूटते जर्जर विगलित देश/की साबुत रीढ़/मैं तुम्हारे आगे आँचल फैलाती हूँ/.........। जो शीशा मैंने तुम्हारे/रक्त में घोला है/उसे नाकाम कर देना/मेरे बावजूद जीना/मुझे नींव में गाड़कर/एक नया पत्थर अपने नाम का रख देना।

'कमरे में' के खंड में संयोजित कविताएँ आत्मस्थ अनुभवों के विस्तार की तरह सामने आती हैं। वहाँ कविता का जन्म है, खुशबू की पहचान है, मुट्ठियों में मुस्कान है, गाती हुई चिड़िया है और जागता हुआ सपना है। ये मन की धूपछाँही छुअन की प्यारी कविताएँ हैं। मगर संग्रह के तीसरे खंड 'औरत' में इन्दु जैन की कविताई अपने श्रेष्ठ रूप में है। इस खंड की एक लम्बी कविता 'तीसरी प्रतीक्षा एक कहानी' विशेष रूप से उल्लेखनीय है। प्रकृति से जुड़े बिम्बों का खूबसूरत इस्तेमाल संग्रह की कविताओं में बिखरा पड़ा है। ये बिम्ब अपने-आप में दृश्य या उसका हिस्सा नहीं हैं, बल्कि नये दृश्य रचते हैं। एक उदाहरण पर्याप्त होगा : *'अँधेरा काला नहीं दूधिया नीला है/उसमें सरसों के हल्दी खेत हैं/सूरज से भरी नदियाँ/तारों से चमकते रेगिस्तान/और बगुलों से पटे किनारे।'*

**कहीं कुछ हुआ तो था : इन्दु जैन (जनसत्ता : 7 मई, 1995)**

# ये जो ग़म और ख़ुशी है

दुष्यन्त कुमार ने हिन्दी की गजलों की अपनी एक परम्परा-सी बना दी थी। अच्छी बात यह हुई कि इस परम्परा ने कई अच्छे शायर और गजल कहने वाले पैदा किये। बुरी बात यह हुई कि इस परम्परा के बाद हिन्दी-उर्दू गजल का झगड़ा खड़ा किया गया। जबकि असलियत यह है कि हिन्दी में लिखी जाये या उर्दू में, गजल एक विधा के रूप में अपना एक खास मिजाज रखती है जिसका असली लुत्फ तब मिलता है जब वह अनावश्यक हिन्दी और उर्दू के दबाव से मुक्त हो। दुष्यन्त ही कहा करते थे कि हिन्दी और उर्दू अपने सिंहासनों से उतरकर जब आती हैं तो वे आम आदमी की भाषा बन जाती है। उन्होंने खुद अपने लिए वही भाषा चुनी और उनकी गजलें खूब पढ़ी गयीं।

हाल के दिनों में गजलों की दुनिया में एक नये नाम ने बड़ी तेजी से ध्यान खींचा है। ये हैं राजेश रेड्डी जिनकी गजलों का पहला संग्रह 'उड़ान' के नाम से आया है। यह संग्रह बताता है कि लम्बे समय के बाद हमारे बीच एक समर्थ गजलकार का उदय हुआ है। उनकी गजलों में इस विधा की पारम्परिक लोच और रससिक्तता तो है ही, साथ ही आधुनिक खयाल भी हैं जिनमें रुमानियत कम और अपने समय की खरी पहचान ज्यादा है।

इस पहचान के कई स्तर उनकी गजलों में खुलते हैं। अपने दौर के अकेलेपन और आतंक को जीती ये गजलें आज के राजनैतिक और सामाजिक माहौल पर टिप्पणियाँ भी करती हैं। वैसे तो आम तौर पर यह कहना हर गजल लिखने वाले के बारे में कहने का चलन हो गया है फिर भी राजेश के नजदीक इसके कुछ दूसरे स्तर भी खुलते हैं। वे एक साधारण-सी लगती बात में अर्थों की कई अनुगूँजें पैदा कर देते हैं। उनके भीतर की सामाजिक-राजनीतिक चेतना को या उनके देशकाल को अखबारी घटनाओं की जरूरत नहीं पड़ती। वे संवेदना के स्तर पर एक बात उठाते हैं और उसमें हमारे वक्त की कुछ सच्चाइयाँ खुलती चली जाती हैं। मसलन उनकी

इन पंक्तियों को देखें : 'झूठ तो जितना भी था सारा का सारा बिक गया/सच की बोली ही न लग पायी खरीदारों के बीच' और 'पहले टुकड़ों में बँटी सारी जमीं फिर आसमां अब खुदा भी बंट गया मजहब के हकदारों के बीच।'

राजेश रेड्डी की गजलों में एक गहरा मानववाद है जो मनुष्य की अस्मिता और उसके अस्तित्व से जुड़े प्रश्न बार-बार पूछता चलता है। यह प्रश्नाकुलता कई आयामों में अभिव्यक्त होती है और शायद यही वजह है कि राजेश रेड्डी अपने क्षितिज को ज्यादा विस्तार दे पाते हैं। वे सन्त कवियों और सूफियों की परम्परा की याद दिलाते हुए कई ऐसे प्रश्न पूछते हैं जो दार्शनिक छोरों को छूते हैं।

दुनिया की सराय में लगातार बने रहने को बेचैन इंसान उनकी गजलों में बार-बार आता है। जिस्म बदलती रूहों का खेल उनके भीतर कुतूहल पैदा करता है। 'लौट आती है ये जा-जा के नये जिस्म में क्यूँ/आखिर इस रूह का इस दुनिया से रिश्ता क्या है' और 'कोई भी जाना नहीं चाहता क्यूँ दुनिया से/इस सराय में, मैं हैरान हूँ, ऐसा क्या है' जैसे शेर अचानक छू-से लेते हैं। ये कोने इसलिए भी अनूठे लगते हैं कि यहाँ राजेश रेड्डी अपने लिए बिल्कुल नयी-सी भाषा गढ़ते दिखाई देते हैं। अलबत्ता बाकी गजलों में उन्होंने परम्परा से चले आये प्रतीकों और मुहावरों का ही इस्तेमाल किया है। हालाँकि इसके बावजूद उनकी मौलिकता इनमें झाँकती है। *'जनम हमारा भी होता जो इक सदी पहले/हमारे हिस्से भी इतने डर नहीं होते'* और *'जो फल भी देते थे, छाया भी और दुआएँ भी/अब इस जमीन पे ऐसे शजर नहीं होते'* जैसे शेरों में आज के तनाव और सिमटते जाने की त्रासदी पढ़ी जा सकती है। इसी तरह सुख और दुख का आना जाना प्यारे ढंग से उनकी गजलों में अभिव्यक्त होता है। *'खुशियाँ पेश आयीं तकल्लुफ से मगर/गम बड़े हक से मेरे घर में रहा'* और *'जाने क्यूँ इस मिट्टी के पुतले का ध्यान/उम्र भर सोने के जेवर में रहा'* जैसे शेर इसकी मिसाल हैं।

कुल मिलाकर राजेश रेड्डी की गजलों में जो जीवन सपन्दित होता है उसकी अपनी मायूसियाँ हैं, मगर इन सबके बावजूद उसमें हताशा नहीं है। उसमें ढेर सारी कशिश है, और थोड़ा-सा कौतुक भी, जिसके वश में वे पूछते हैं : *'इक चुभन काँटों-सी फूलों-सी हँसी देता है कौन/ये जो इंसां है इसे गम और खुशी देता है कौन'* और *'कौन देता है हमारी जिन्दगी को इतना कुछ/और जो थोड़ी-सी कमी है ये कमी देता है कौन।'*

**उड़ान : राजेश रेड्डी (जनसत्ता : 15 जून, 1997)**

# हमारे समय की आहट

महज बीस युवा कवियों की दो-दो कविताओं के आधार पर किसी दौर की कविता का मूल्यांकन उचित नहीं। खासकर तब, जब हिन्दी में आज एक साथ कई पीढ़ियाँ और ढेर सारे कवि सक्रिय हों और किसिम-किसिम की कविता लिख रहे हों। भारत भूषण अग्रवाल स्मृति पुरस्कार के पिछले आयोजन में युवा हिन्दी कविता पर अपना एक पर्चा प्रस्तुत करते हुए हिन्दी कवि विष्णु खरे ने छियासठ रचनारत कवियों के नाम गिनाये थे। निश्चय ही इनमें कई नाम भर्ती के थे लेकिन कई महत्त्वपूर्ण नाम छूटे भी हुए थे। हिन्दी के दूरस्थ केन्द्रों में लिखी जा रही कविता पर वैसे भी दिल्ली में बैठे समीक्षकों का ध्यान नहीं जाता।

इन सबके बावजूद बीते बीस वर्षों से दिये जा रहे भारत भूषण अग्रवाल स्मृति पुरस्कार के सम्मानित कवियों का संग्रह 'उर्वर प्रदेश' इस दौर की काव्य यात्रा का एक प्रतिनिधि साक्ष्य तो बनता ही है। इस लिहाज से यह उल्लेखनीय है कि अपनी अतिसाधारणता में भारत भूषण अग्रवाल स्मृति पुरस्कार ने एक विशिष्ट काम किया है। पैंतीस साल से कम के किसी कवि की महज एक कविता पर दिये जाने वाले इस पुरस्कार की मार्फत कई ऐसे युवा हिन्दी कवियों पर ध्यान गया है जो आगे चलकर अपने समय के महत्त्वपूर्ण कवि के रूप में विकसित हुए हैं। इस साल के साहित्य अकादेमी पुरस्कार से सम्मानित अरुण कमल हों या कवि से ज्यादा कहानीकार के रूप में विख्यात हुए उदय प्रकाश या फिर देवी प्रसाद मिश्र और संजय चतुर्वेदी जैसे कवि जिन्होंने हिन्दी कविता के परम्परागत शिल्प में अपनी तरफ से ध्यान खींचने वाले हेरफेर किये—इन सबने भारत भूषण अग्रवाल स्मृति पुरस्कार की विश्वसनीयता बढ़ायी है।

'उर्वर प्रदेश' की कविताओं से गुजरते हुए सबसे पहले उस सुखद विविधता पर ध्यान जाता है जो हिन्दी कविता के शिल्प और कथ्य के स्तर पर दिखाई पड़ती है। लगभग एक ही समय में लिखने के बावजूद इन कवियों का अपना एक निजी

वैशिष्ट्य है। यह संग्रह इस तथ्य की ओर ध्यान खींचता है कि पिछले बीस वर्षों में हिन्दी कविता के परिवार में जो नये चेहरे जुड़े हैं, वे अपने पुराने सगों की तुलना में ज्यादा परिपक्व और शिल्प सजग हैं। आठवें दशक की कविता विचारधारा के जिस गहरे दबाव के तहत लिखी जा रही थी, उससे इन आखिरी दो दशकों की कविता अपेक्ष्या मुक्त है। हालाँकि इस बात से यह निष्कर्ष निकालना अनुचित होगा कि यह कविता वैचारिक प्रतिबद्धता से किनाराकशी करती है। इस कविता से विचार है, मगर वह किसी पूर्वयोजना की तरह नहीं आता, वह कविता के बीच से निकलता हैं। उसमें राजनीति का बहुत गहरा रंग नहीं हैं, लेकिन चीजों को ज्यादा बारीकी से देखने वाली निगाह है। उसमें एक बुरे समय में जीने का ज्यादा स्पष्ट आभास है। उसमें विरोध है लेकिन क्रोध नहीं।

हालाँकि विचारधारा के दबाव का जो विलोप इन कविताओं का गुण बताया जा रहा है, वह इन्हें एक दूसरे नजरिये से देखने को भी प्रेरित करता है और इनकी एक सीमा का उद्‌घाटन भी करता है। सातवें-आठवें दशक की ढेर सारी कविताएँ अपने समय के संघर्षों से ज्यादा जुड़ी हुई थीं। वे संघर्ष समाज के मेहनतकश और दबे-कुचले वर्गों को सामाजिक, राजनीतिक, अधिकार दिलाने के संघर्ष थे, लेकिन उनकी मूल प्रेरणाएँ मध्यवर्ग से आयी थीं। क्या इस मध्यवर्ग का मिजाज बदलने के साथ-साथ हिन्दी कविता का मिजाज बदला है? क्या विभिन्न विचारधाराओं से उसका मोहभंग हिन्दी कविता के वैचारिक मोहभंग का जनक है? यह सवाल दरअसल अनायास इस तथ्य की ओर ध्यान खींचता है कि हिन्दी कविता मूलतः मध्यम वर्ग की कविता है। विष्णु खरे ने इसे अपने आलेख में सवर्ण कविता की संज्ञा दी थी। वैसे यह सच है कि ये कविताएँ सवर्ण पूर्वग्रहों का निषेध ही नहीं करतीं, कई जगह उनका तीखा प्रतिवाद भी करती हैं, मगर अपने-आप में यह तथ्य चकित और चिन्तित करता है कि पिछले बीस वर्षों में हिन्दी कविता में दलितों, अल्पसंख्यकों और सामाजिक स्तर पर पिछड़े वर्गों की भागेदारी ऐसी नहीं रही है जिसका नोटिस लिया जाना जरूरी लगे। जबकि राजनीतिक-सामाजिक जीवन में उनकी भागेदारी, उनका संघर्ष और उन पर होने वाला दमन—यह सब कुछ बढ़े हैं। निश्चय ही यह संग्रह की खामी नहीं है। लेकिन इस संग्रह की मार्फत हिन्दी कविता के इस अभाव की ओर ध्यान जाता है। यह अनुर्वर प्रदेश हिन्दी कविता के लिए चिन्ता का विषय होना चाहिए जो नहीं है, यह ज्यादा दुखद है।

यहीं से इस तथ्य की ओर ध्यान जाता है कि हिन्दी कविता इन वर्षों में मूलतः नागर कविता में बदल गयी है। शायद यही नागर तत्त्व है जो उसे ज्यादा लोकतान्त्रिक, विचारधारा से एक सुरक्षित दूरी बरतने वाला, बिना चीखे-चिल्लाए, सलीके से बोलने-बतियाने, ओढ़ने-बिछाने वाला बनाता है। लेकिन इस नये इलाके में आकर हिन्दी कविता स्मृति की लगातार बात करने के बावजूद स्मृतिविहीन भी

हुई है। हालाँकि कुछ कवियों में यह स्मृति अपने पूरे स्पन्दन के साथ दिखाई पड़ती है फिर भी उसका बड़ा हिस्सा एक बड़े अर्थ में अपने अतीत से कुछ ग्रहण नहीं करता।

इन सीमाओं के बावजूद 'उर्वर प्रदेश' हिन्दी कविता के संसार में एक आश्वस्त करने वाली उपस्थिति है। उसमें हमारे समय की वे आहटें दर्ज हैं जो इस आपाधापी भरे समय में मनुष्य के बचे और चलते रहने, प्रेम और प्रतिरोध करने के सामर्थ्य का प्रमाण बनती हैं।

**उर्वर प्रदेश : सं. बिन्दु अग्रवाल (जनसत्ता, 2005)**

# जो इतने बुरे दिनों में हम देखते हैं साथ-साथ

बीसवीं सदी का यह आखिरी दशक सिर्फ कविता ही नहीं, बल्कि तमाम रचनात्मक आग्रहों, यहाँ तक कि मनुष्य की सहज जीवनी-शक्ति की साँसें रुद्ध करता दिख रहा है। तीव्र औद्योगिकीकरण और महानगरीय जीवन के फैलाव का जो दुख आजादी के बाद की भारतीय पीढ़ियों ने झेला, उसी का अगला विस्तार है यह उपभोक्ता संस्कृति, निरन्तर कम्प्यूटरों की फ्लॉपी का हिस्सा बनती सूचनाएँ और वातानुकूलित कमरों से लेकर प्रदूषण का गन्ध ढो रही गलियों तक में घुटती मानवीय संवेदनाएँ और इन सबको देखता बेचैन होता और इस भीड़ का हिस्सा होने से बचने की कोशिश करता बचा-खुचा हमारा विवेक। इसी बचे-खुचे विवेक की सन्तान हैं इस बेहद बुरे वक्त में लिखी जा रही कविताएँ, जो मानवीय आस्थाओं के लिए जीने का सम्बल और ईंधन जुटा रही हैं। कविता और समाज के बीच के रिश्तों का पुराना मुहावरा दुहराने के साथ यह जोड़ना भी जरूरी है कि आज का समाज जिन बहुपरतीय सच्चाइयों से रू-ब-रू है उनकी निशानदेही के लिए आज की कविता को उतना ही बहुकोणीय, बहुआयामी और बहुफलकीय होना होगा। दुर्भाग्य से इस दौर में लिखी जा रही बहुलांश/अधिकांश कविताओं में कथ्य और शिल्प दोनों स्तरों पर सिर्फ पीछे छूट चुके वक्त की जुगाली का इकहरापन नजर आता है, वर्तमान में घट रहे यथार्थ को छूने की त्वरा दिखाई नहीं देती। साथ ही यह जोड़ना भी समीचीन है कि इसी दौर में कई कवियों ने कविता को कविता होने की अर्थवत्ता के साथ न सिर्फ बचाए रखा है, बल्कि उनमें अपने समय के समूचेपन को समेटने के लिए आवश्यक शिल्पगत उपचार को नये मुहावरे के साथ सम्भव बनाया है।

इधर कुछेक ऐसे कविता संग्रह प्रकाश में आये हैं, जिनमें इस दौर की जटिलता को अभिव्यक्त करने के लिए भाषा और शिल्प की नयी जमीन तोड़ने की कोशिश पहचान में आती है। विष्णु नागर का 'बच्चे, पिता और माँ', विमल कुमार का 'सपने

में एक औरत से बातचीत' और कुमार अम्बुज का संकलन 'किवाड़' ऐसे ही काव्य-संग्रह हैं, जिनमें उनके समय की त्वरा झाँकती-बोलती है। यह महज संयोग नहीं है कि ये तीनों कवि इस अहसास में साझीदार हैं कि वह एक बेहद बुरे वक्त में कविताएँ लिख रहे हैं। अपने वक्त के बुरे या विपरीत होने का अहसास इन कवियों में भरपूर है, लेकिन यह उनकी कविताओं के लिए ईंधन का काम करता है। मसलन विष्णु नागर 'बच्चे, पिता और माँ' की पहली कविता में ही लिखते हैं :

*'सबसे अच्छी कविता*
*सबसे बुरे दिनों में पहचानी जाएगी*
*देखते-देखते*
*आग में बदल जाएगी।'*

कुमार अम्बुज भी बचाकर रखना चाहते हैं शब्दों को, और कहते हैं :

*'लगातार पढ़ने-लिखने के बीच*
*हमारे पास ही कहीं छिपा हुआ*
*एक मुहावरा एक शब्द*
*एक अक्षर होगा*
*जो सबसे बुरे दिनों में हमारे काम आएगा*
*हमें बार-बार*
*आत्महत्या से बचाएगा।'*

विमल कुमार की कविताओं में भी बुरे वक्त का यह अहसास पूरी तीव्रता के साथ मौजूद है :

*'क्या तुम्हें मालूम है*
*वह कौन-सा सपना है*
*जो इतने बुरे दिनों में*
*हम देखते हैं साथ-साथ।'*

इतने बुरे दिनों में साथ-साथ या अकेले देखा जा रहा यह सपना विमल कुमार के संग्रह 'सपने में एक औरत से बातचीत'[1] की ढेर सारी कविताओं में है। यथार्थ के अविश्वसनीय या बहुत ही कम पकड़ में आने वाले अँधेरे कोनों को पकड़ने-पहचानने के लिए विमल कुमार अक्सर सपनों की इस रोशनी का सहारा लेते हैं। यह भी महज संयोग नहीं कि उनकी कविता-पुस्तक का शीर्षक वह कविता बनी है जिसमें एक सपना है। यह सपना और ऐसे बहुत सारे सपने बहुत ही कम शब्दों में यथार्थ की उन भावभूमियों को सहसा हमारे निकट ले आते हैं, जिन पर अममून हमारी दृष्टि नहीं पड़ती। यही नहीं छोटी-छोटी बातों और घटनाओं को उठाकर बुनते हुए, उन्हें आपस

---

1. सपने में एक औरत से बातचीत; विमल कुमार

में फेंटते हुए वह इस सहजता से एक नया रंग पैदा कर जाते हैं कि पुलक-सी होती है। अपनी एक कविता 'रंगों की पहचान' में सीधे-सादे ढंग से कहते हैं विमल कुमार :

*देखिए, हम रंगों में रंग मिलाते हैं*
*और फिर एक रंग बनाते हैं*
*उस रंग से भी अगर नहीं मिलती तसल्ली*
*तो फिर एक और रंग बनाते हैं*
*वैसे हम भी तलाश में हैं एक ऐसे रंग की*
*जो आपकी बातचीत में लगता है।*

यह लगभग वह भावभूमि है, जहाँ केदारनाथ सिंह अपनी कुछ कविताओं में चलते दिखाई देते हैं। इन पंक्तियों से गुजरते हुए सहसा केदारनाथ सिंह की इन पंक्तियों का ध्यान आ जाता है :

*चट्टान को तोड़ो*
*वह सुन्दर हो जाएगी*
*उसे और तोड़ो*
*वह और, और सुन्दर होती जाएगी।*

लेकिन विमल कुमार की कविताओं का सफर आगे का है। इन कविताओं में यथार्थ की पदचाप बेहद करीब से सुनाई पड़ती है। कई बार तो फन्तासी को छूता-छूता सा उनका रचना-संसार यथार्थ की इतनी आत्मीय उपस्थिति से हमारा निकट का साक्षात्कार कराता है कि हम हिल-से जाते हैं :

*वे एक गरीब पिता की बेटी थीं*
*दिव्य प्रेम ही कर सकती थीं*
*उसकी अनुभूति में उनके स्तन सूखते चले गये*
*पीला पड़ गया चेहरा सपने बिखर गये*
*वे अपने बच्चों के लिए*
*छाती में दूध भी नहीं बचा सकीं*
*और किसी को पता भी नहीं चला इस शहर में*
*उनकी साँस अभी उखड़ी नहीं है*
*उनकी नाड़ी चल रही है, उनके कुछ खत मिले हैं*
*वे अभी भी जिन्दा हैं किसी जादुई शीशे में*
*बन्द राजकुमारी-सी।*

खास बात यह है कि विमल कुमार की कविताएँ अपने रूमानी स्पर्श के बाद भी वैयक्तिक और सामाजिक यथार्थ की बारीक पड़ताल में संलग्न दिखाई पड़ती हैं। ये कविताएँ वर्तमान की तात्कालिकता के दायरे में आबद्ध नहीं हैं, बल्कि इनमें व्याप्त जीवन के संघर्षों से, उसकी कड़वाहटों से हम एक व्यक्तिगत अहसास की

तरह जुड़ते हैं। इन कविताओं में दुःख का विलाप नहीं, बल्कि उसकी मानवीय छाया है, सुख के सुनहरेपन को सहेजने का माद्दा है। यह मानवीयता उनकी गहन अन्तर्दृष्टि और उनके पारदर्शी शिल्प से जुड़कर उनकी कविताओं को वक्त की स्मृति में टिकने की ताकत देती है।

विष्णु नागर अपने संकलन 'बच्चे पिता और माँ'[1] की भूमिका में लिखते हैं—'बहुत से लोग कहते हैं और कहते भी रहेंगे कि कविता से समाज नहीं बदलता। लेकिन क्या कोई समाज कविता की अनुपस्थिति में बदल सकता है?' जाहिर है समाज से कविता का यह रिश्ता ढूँढ़ते हुए नागरजी की कविताएँ अपने समय से एक सीधी मुठभेड़ में शरीक हैं। अपनी पहली ही कविता में वह कहते हैं :

*सबसे अच्छी कविता*
*विकल कर देगी*
*मुक्ति के लिए*
*सबसे अच्छी कविता*
*सबसे अच्छी बन्दूक का*
*सबसे बुरा छर्रा साबित होगी।*

लेकिन इस मुठभेड़ में शरीक होते हए भी विष्णु नागर की कविताओं में कहीं 'लाउडनेस' नहीं है। इन कविताओं में उनके दौर की कड़वाहट हावी नहीं होती है। एक तरह की खामोशी इन कविताओं में आत्मीय बातचीत में ढलती है। बिना 'लाउड' हुए विष्णु नागर अपने समय में अविश्वसनीय-सी हो चली आशावादिता को सहजता से स्वर देते हैं :

*कवि हैं*
*तो*
*आशा से कैसे बचेंगे।*

खास बात यह है कि विष्णु नागर अपने आस-पास 'बह' रहे समय को शब्दों में थमाते हुए कई युक्तियों का सहारा लेते हैं। कई जगहों पर उनकी रचनाओं में एक व्यंग्य का स्वर उभरता दिखता है जो मानवीय और मृदु है। इस व्यंग्य में कटुता नहीं है, मगर यह व्यंग्य कुछेक स्थलों पर एक झटके से एक करुण सच्चाई में बदल जाता है और कविता एक गहरा असर छोड़ती है। उनकी एक कविता है 'मौत का भय'। छोटी-सी यह कविता शुरुआती पंक्तियों के व्यंग्य-भाव के बाद सहसा हमारे सामने एक तीखा सच डरावने ढंग से रख देती है।

*मौत की तो कहीं कोई फाइल नहीं अटकती*
*देखो तो उसके चेहरे पर दर्प का उजास!*

---

1. बच्चे, पिता और माँ; विष्णु नागर

वस्तुतः विष्णु नागर की कविताएँ सतह से देखने पर सपाट जान पड़ती हैं मगर दूसरे ही क्षण पता चल जाता है कि नागर इन्हीं सपाट नजर आने वाली कविताओं में अर्थों के कई वृत्त बनाते चलते हैं। दरअसल कवि अपनी कविताओं में चमकीली या भड़कीली उक्तियों और युक्तियों का सहारा नहीं लेता, वह किसी भी अनुभव को पूरी तन्मयता के साथ उसकी अन्तरंगता में पकड़ता है और यह वह बिन्दु होता है जहाँ शुष्क और सपाट नजर आने वाली पंक्तियाँ नुकीली और तरल हो जाती हैं और उनमें छूने तथा छीलने की त्वरा नजर आती है। मसलन 'दो युवा' कविता की वर्णनात्मकता में एक इकहरापन लगता है लेकिन कविता की आखिरी पंक्ति कविता को सहसा एक ऐसा स्पर्श दे जाती है कि वह एक विशिष्ट कविता हो जाती है। वैसे नागरजी की कविता उन क्षणों में ज्यादा जीवन्त, तरल और गहरी हो जाती है जब वह माँ, पिता, बच्चों और घर के संसार से जुड़ती है। माँ की उद्विग्न ममता, पिता की बुढ़ाती चुप्पी, बच्चों के मासूम सवाल और घर-बाहर की कोमल-कड़वी अनुभूतियाँ इन सबको पूरी सहजता के साथ नागर जी अपने पाठकों के बीच बाँट जाते हैं। इन सारी कविताओं में और ऐसी दूसरी कविताओं में विष्णु नागर इस सम्प्रेषणीयता को सम्भव बनाते हैं जो अपने समाज और समय की धीमी से धीमी आहट को न सिर्फ दर्ज करती है, बल्कि उसके नये सिरे से बनने की प्रक्रिया में हाथ भी बँटाती है।

सम्प्रेषणीयता के एक दूसरे धरातल पर खड़ी हैं कुमार अंबुज की कविताएँ जिनकी ताकत उनके बिम्बों की ताजगी में है। उनकी कविताओं का कथ्य भी उन्हीं अहसासों को छूता-छेकता है जो आज के माहौल की अनिवार्य उपज हैं, मगर अपनी बात कहते हुए वह कई ऐसे काँपते बिम्ब रच जाते हैं कि उनसे गुजरते हुए हमारे भीतर लम्बे समय तक कुछ हिलता रहता है :

*विस्मृति के जल में हिलते हुए*
*कुछ धुँधले अक्स थे*
*सूखते हुए आँसू थे*
*पिघलती हुई आत्मा*
*फूलों और सुगन्धियों से भरा*
*एक नरक मेरे सामने था*
*मेरे मोक्ष का रास्ता वहीं से होकर जाता था।*

लेकिन कवि बिम्बों और प्रतीकों के इस जाल में नहीं फँसता या अभिव्यक्ति के लिए नयी लक्षणाएँ-व्यंजनाएँ जोड़ने का अनावश्यक कोशिश नहीं करता, बल्कि पूरी सहजता के साथ वह पकड़ता है कविता की, जो बिना किसी दबाव के इन प्रतीकों के माध्यम से हम तक चली आती है :

---

1. किवाड़; कुमार अंबुज

*ये सिर्फ किवाड़ नहीं हैं*
*जब ये हिलते हैं*
*माँ हिल जाती है*
*....................*
*जब ये नहीं होंगे*
*घर नहीं रहेगा।*

शायद यह इन्हीं बिम्बों की ताकत है कि कुमार अम्बुज की कविताएँ एक विशिष्ट चित्रात्मकता का आभास देती हैं, बल्कि चित्रात्मकता से कुछ अधिक का क्योंकि उनकी कविताओं में लैंडस्कोप तो दिखते हैं, मगर वह इतने हिलते-डुलते होते हैं कि उनके भीतर व्याप्त जीवन की कशिश हम सहसा महसूस कर सकते हैं। 'रात तीन बजे' कविता में जब वह आवाजों के जंगल में प्रवेश करते हैं तो सहसा वह रात जीवन्त हो उठती है। 'नींद और नींद के बाहर' की धरती में बचपन के झरते फूलों की खुशबू हम तक आती है और पृथ्वी के पिचके हुए सलोने गाल एक नई तरह का बिम्ब रचते हैं। 'नींद के बाहर नींद एक कठिन तपस्या है' और इस तपस्या को साधते हुए कुमार अम्बुज का कवि स्वप्न के बाहर भी स्वप्न देखता है और महसूस करता है कि "इस अतल उदासी में भी फैल रही है एक आकांक्षा।"

अपने आस-पास, अपने परिवेश और अपनी परम्परा से भी कुमार अम्बुज एक आत्मीय रिश्ता जोड़ते हैं। उनकी कविताओं में रात है, नींद है, स्वप्न है, घर है, मगर इस नितान्त व्यक्तिगत कोने के बाहर पसरता उनका कवि समाज, परम्परा, गाँव और गाँव के लोगों से भी पूरी शिद्दत से जुड़ता है। सिन्ध नदी के बारे में एक कविता की शुरुआती पंक्तियाँ हैं :

*सिर्फ नदी नहीं है यह*
*अपनी छाती में असीम दूध बसाए*
*पूरे गाँव की माँ है।*

जाहिर है कि इन कविताओं के कवि की चिन्ता का दायरा वृहत्त है और यह चिन्ता सामाजिक सरोकारों की फौरी अखबारी जरूरत से ज्यादा बड़ी तो है ही, कविता की समकालीनता को भी नये सन्दर्भ देती है।

इन संकलनों से और इस दौर के दूसरे संकलनों से गुजरते हुए यह बात शीशे की तरह साफ होती जाती है कि ये कविताएँ अपने समय का दंश झेलते हुए भी, इतने बुरे वक्तों में लिखी जाने के बावजूद कड़वाहट की शिकार नहीं हैं। इन कविताओं में हथियार होने की सम्भावना तो है लेकिन उसका भोथरा दम्भ नहीं, इसमें सौन्दर्य बोध की सजगता तो है लेकिन हाथी दाँत की नक्काशी होने की ललक नहीं। पूरी सादगी और सहजता के साथ ये कविताएँ मानवीय सवालों के ऊपर पड़ी धूल साफ करती हैं और हमें उनकी ओर ले चलती हैं। इनमें संघर्ष की बयानबाजी

किसी उत्साह की तरह चीखती दिखाई नहीं पड़ती, बल्कि इनकी पंक्तियों के बीच अपने समय से लड़ने का मौन संकल्प मुखर होता है। ये कविताएँ भरोसा दिलाती हैं कि वाकई इनकी अनुपस्थिति में उस ढंग से बदला नहीं जा सकता समाज, जिस ढंग से हम चाहते हैं। एक बुरे वक्त में लिखी जाने के बावजूद ये अशक्त या हाँफती हुई कविताएँ नहीं हैं बल्कि इनमें एक सम लय से जलती हुई उष्मा पहचानी जा सकती है, जो इन्हें रचनात्मक हस्तक्षेप के लिए ऊर्जा प्रदान करती है। कुमार अम्बुज के शब्दों में :

*शुरू होता है यहाँ से*
*भय और अँधेरा*
*भय और अँधेरे को*
*भेदने की इच्छा भी*
*शुरू होती है*
*यहीं से।*

**(आजकल : सितम्बर, 1993 )**

# समकालीन भारतीय कविता के कुछ स्वर

विभिन्न भाषाओं में रचे जा रहे समकालीन भारतीय साहित्य को एक-दूसरे के निकट लाने में साहित्य अकादेमी की महत्त्वपूर्ण भूमिका रही है। हिन्दी, ओड़िया, तमिल, तेलुगु, बांग्ला, अंग्रेजी और लगभग सभी भारतीय भाषाओं में रचा जा रहा मौलिक साहित्य तो अकादेमी की मार्फत सामने आया ही है, साथ ही साथ अकादेमी ने इन पुस्तकों के दूसरी भाषाओं में अनुवाद एवं प्रकाशन का बड़ा दायित्व पूरा करते हुए इनके पाठकीय परिक्षेत्र को विस्तृत बनाया है। यह एक अलग बहस का मुद्दा है कि अकादेमी के इन प्रकाशनों में समकालीन भारतीय साहित्य की विभिन्न धाराओं का किस हद तक प्रतिनिधित्व हो पाया है, मगर इसमें कोई शक नहीं कि इनकी मार्फत भारत की अलग-अलग भाषाओं में लिखे जा रहे साहित्य को और उसकी प्रवृत्तियों को मोटे तौर पर जानना सम्भव हो सका है।

पिछले दो-एक वर्षों में अकादेमी के महत्त्वपूर्ण प्रकाशनों की एक अच्छी सूची रही है जिसमें ओड़िया के प्रख्यात साहित्यकार जगन्नाथ प्रसाद दास का काव्य संग्रह *'आह्निक'*, ओड़िया के ही सौरींद्र बारिक का संग्रह *'आकाश-सा सघन'*, तथा अंग्रेजी कवि शिव के. कुमार का *'देह के दो मौसम' भी हैं।* हिन्दी में अनूदित ये काव्य संग्रह बताते हैं कि अलग-अलग भाषाओं में रचे जाने के बावजूद इनकी मूल प्रेरणा, इनकी मूल चेतना और इनकी मूल चिन्ताएँ एक-सी हैं और अपने सूक्ष्म अर्थों में एक व्यापक भारतीयता अपने अतीत की छायाओं, वर्तमान के प्रभावों और भविष्य के सपनों के साथ इनका उद्गम-स्थल बनी है। हालाँकि समान उद्गम-स्थल से फूटने के बाद ये धाराएँ अलग-अलग दिशाओं में जाती और अलग-अलग निशान छोड़ती दिखाई देती हैं, मगर इस अलगाव के बीच भी वे संगतियाँ झलक उठती हैं जो इन्हें एक बनाती हैं।

जगन्नाथ प्रसाद दास की कविताएँ जीवन के बहुफलकीय सरोकारों से उपजी हुई बेहद प्रभावशाली कविताएँ हैं। अभिव्यक्ति के अनेकानेक स्तर इन कविताओं में

खुलते हैं। इन कविताओं में अतीत की एक कड़ी, जो इतिहास की गलियों से होती हुई मिथकों के लोक तक भी पहुँचती है, आज के कोलाहल भरे वर्तमान से स्पष्ट रूप से जुड़ी हुई है। कवि की दृष्टि का फैलाव और उसके विषयों की व्यापकता इन कविताओं को किसी खाने में रखने नहीं देती, अपितु इन्हें देशकाल में घट रहे वृहत्तर यथार्थ का साक्ष्य बनाती है। अपने आत्मदण्ड की प्रयोगशाला में अपने आचरणों का एकान्त में विश्लेषण कर रहा कवि अतीत और वर्तमान की एक पूरी परिक्रमा करता है और गुजर रहे समय की धड़कनों को उसके समूचे तापमान-आयतन में अंकित करता है। सामूहिक रिक्तताओं से होते हुए दिन-महीने-साल, रिक्शे वाले की पीठ पर फिसलती दुपहरी, दफ्तरों-कारखानों से लौट रहे लोगों के टिफिन डब्बों में भरा अपराह्न, और सिनेमा हाल में इन्तजार कर रही लड़की के साथ उतरती साँझ—ये सब सिर्फ एक कविता यात्रा के मध्य गुजर रही दृश्यावलियाँ नहीं हैं, बल्कि कवि के अनुभवों की सहचर भी हैं। और इन्हीं की मार्फत अन्ततः कवि उस गहन और व्यापक यथार्थ को पकड़ता है, जो सिर्फ वर्तमान का नहीं है, बल्कि अतीत और भविष्य का भी है। स्वाभाविक रूप से इन कविताओं में ढह रही राजशाही को एक ठोकर भरी चेतावनी है, सभ्यता की आयु और इतिहास की महत्त्वाकांक्षाओं के प्रहसन हैं, कटक, पुरी, भुवनेश्वर जैसे सांस्कृतिक-ऐतिहासिक नगरों का किंवदन्तीविहीन होता वर्तमान है और साथ ही साथ कालाहांडी और हिरोशिमा जैसे ध्वंसावशेषों में महज प्रयोगशाला के सांख्यिकीय आँकड़ों में तब्दील होता इंसान है। *आहिनक* का कवि मगर कालाहाँडी और हिरोशिमा के रपटनुमा विलाप में डूबा नहीं रहता, वह उनको बड़ा करके देखता है और कहता है :

*कालाहाँडी हमारे एकदम करीब है—*
*आत्मा की सामयिक ताड़ना में*
*विवेक के अकस्मात देश में*
*अन्तःकरण के पश्चात्ताप में*
*असहायता, भूख और बीमारी में,*
*खून-खराबे की आसन्न सम्भावनाओं में*
*इक्कीसवीं सदी की समृद्ध सुरक्षा तक*
*हम कैसे पहुँच सकते हैं*
*कालाहाँडी को पीछे छोड़।*

(कालाहाँडी)

जाहिर है कि कवि की सामाजिक चिन्ताएँ बेहद स्पष्ट हैं। किसी विचारधारा की पक्षधरता न होते हुए भी विचारधारा का निषेध वहाँ नहीं है। ये कविताएँ जनतान्त्रिक चेतना से लैस कविताएँ हैं। अपितु इनमें अन्याय और शोषण के विरुद्ध

कोई सीधी बयानबाजी नहीं है, बल्कि आज के समय में आदमी के साथ हो रहे छल और अन्याय पर सहज ढंग से फूट रहा दुख है और क्रान्ति के पाखण्डी कर्मकांड को व्यंग्य के तीखेपन के साथ नंगा करने का यत्न है :

*अब और देर नहीं*
*देखो क्रान्ति आ रही है*
*और चमक-दमक से*
*भिखारियों की भीड़ लांघ*
*जाली नोटों की गड्डियों पर*
*चुनावी विजय के जलते जुलूसों में*
*क्रान्ति आ रही है*
*हरिजन बस्ती में आग लगाती*
*     *     *     *

*स्वप्नदेश के अनुसार*
*कार्ल मार्क्स के लिए*
*नया मन्दिर बन चुका है*
*और पुजारी नियुक्त हो चुके हैं...*        (क्रान्ति आ रही है)

लेकिन छद्म क्रान्ति के उपहास के साथ यथास्थिति के प्रति कोई सन्तोष हो, ऐसा नहीं है। 'महाभारत', 'कालाहाँडी' या 'बालियापाल' जैसी कविताओं में आज की जर्जर व्यवस्था पर तीखी आक्रामक और ठोस टिप्पणियाँ हैं। मगर ये टिप्पणियाँ कविता के सौन्दर्य को नष्ट नहीं करतीं। जीवन की बहुपरतीय सच्चाइयों को न सिर्फ देखता, भोगता, महसूसता, बल्कि उनसे जीवन के ही नये धागे निकालता कवि प्रतीकों और बिम्बों का बेहद खूबसूरत इस्तेमाल करता है, हालाँकि उनके जाल में उलझता नहीं और जहाँ कहीं भी जरूरत होती है, सीधी-सादी अभिव्यक्ति का सहारा लेकर कविता को सर्वथा नये रूप में सम्भव बना लेता है। स्पष्टतया कवि के लिए प्राथमिक महत्त्व की वस्तु उसका कथ्य है, उसके अनुभव और विचार हैं और अभिव्यक्ति इस कथ्य को सर्वोत्कृष्ट ढंग से सम्प्रेषित करने का माध्यम मात्र है। लेकिन दोनों एक-दूसरे से इस तरह संगुम्फित हैं कि एक-दूसरे से फूटते भी नजर आते हैं। अपनी कविता के बारे में कवि का यह विश्वास सुखकर लगता है कि :

*वह आएगी जेल की दीवारें तोड़*
*मनमौजी प्रशासन की निषेधाज्ञाएँ नकार*
*हाथों में विरोध पताका लिए*
*वह बढ़ती चली जाएगी कर्फ्यू के राजपथ पर*
*     *     *     *     *

*शान्ति की पदयात्रा से कदम मिलाती*
*यह आएगी असहिष्णुता के नोआखली में*
*साम्प्रदायिक दंगों के बीच रामधुन गाती*
*आतंकवादी बन्दूक के आगे सीना ताने*
*मेरी अगली कविता आएगी*
*हाथों से नुकीलें शब्दों को समेट*
*निर्विरोध, निःशंक, सहज और स्वतःस्फूर्त*
*मात्राओं और छन्दों की बन्दिश तोड़*
*सादे कागज के स्वायत्त साम्राज्य में*
*जीने के अधिकारों को स्वतः सिद्ध करती।*

ओड़िया के ही एक अन्य कवि सौरींद्र बारिक की कविताएँ एक दूसरी सतह पर खड़ी दिखती हैं। यह ऊपर से एक समतल सतह है पर ध्यान से देखने पर पता चलता है कि इसमें भी कई स्तर हैं, कम से कम दो स्तर तो अवश्य हैं, हालाँकि ये दोनों स्तर भी कुछ स्थलों पर एक-दूसरे का अतिक्रमण करते हैं। शुद्ध प्रेम की कविताएँ दार्शनिक छोरों को छूती प्रतीत होती हैं और दर्शन कहीं-कहीं प्रेम से निःसृत होता दिखाई पड़ता है। इन कविताओं में अक्सर स्मृति, प्रतीक्षा या आश्वासन से गुजरते *'आकाश-सा सघन'* के कवि के भीतर एक तरह की प्रश्नाकुलता साफ-साफ पकड़ में आती है। वह बार-बार प्रश्न पूछता है और छोड़ता है। ये बहुत रहस्यवादी प्रश्न न भी हों मगर इनमें जीवन के अर्थ और उसकी सम्भावनाओं की तलाश की बेचैनी है। 'आकाश-सा सघन' की पहली ही कविता 'कमल' में कवि पूछता है :

*'अमृत-सा यह अलि*
*किसके आलिंगन से होता है*
*दलित और मथित।*
*भेदकर योजन का अन्धकार*
*उठाकर सात ताड़ कीचड़ से*
*कौन है वह अज्ञात सूर्य*
*कौन है वह अज्ञात अनन्त*
*किसका नाभि-कमल हूँ मैं?*
*किस पर आश्रित हूँ मैं।*

'प्रतीक्षा', 'अन्वेषण' और दूसरी ढेर सारी कविताओं में यह प्रश्नाकुलता एक मानवीय सन्दर्भ लेकर खड़ी हुई है। ऐसा लगता है कि ये सारी कविताएँ एक-दूसरे से जुड़ी हुई हैं और इनका कवि किसी दार्शनिक समाधि के पूर्व संशय और विस्मय

की अवस्था में है। फिर सहसा कवि इन सारे प्रश्नों से अपने आप का मुक्त करता दिखाई देता है और सीधे-सीधे कहता है : *'मेरी कविता में/दर्शन-वर्शन कुछ नहीं/केवल जरा-सा अन्तरंग आलाप/सब कह देने समझा देने का सार है।' (मैं नेह कंगाल कवि)* 'तत्त्व-तत्त्व बहुत हुआ', 'कविता जन्म लेती है', 'हमेशा एक ही बात' जैसी कविताओं में इस दार्शनिक रहस्यान्वेषण से एक तरह का उचाटपन परिलक्षित होता है। कवि का कहना है :

*मेरी कविता है अज्ञात अनुराग की*
*अव्यक्त आसक्ति की,*
*बुद्धि की खान को खोदने की नहीं*
*सपाट उर्वर मन के स्वप्निल*
*बीज से जो मिलता है, उसकी।*

और सौरींद्र बारिक की कविता की एक-दूसरी दुनिया भी है। यह दुनिया है आत्मीय सम्बन्धों की, सींचे जाते रिश्तों की, खिंच रहे तनावों की और इन सबके साथ जीवन के रस को बचा रखने के प्रयास की। इन कविताओं में प्रियतमा है, पत्नी है, और गुजर रहे समय का अहसास है। इन कविताओं की सबसे बड़ी खासियत इनकी अभिव्यक्तिगत सहजता है। और इस सहजता से उपजी हुई कुछ खूबसूरत प्रेम-कविताएँ इस संग्रह में हैं। 'उस दिन का चाँद तुम', 'पुल', 'प्राप्ति', 'मानसी', 'तुम्हारे आकाश में' आदि कविताएँ प्रेम की कोमलता और स्मृति की स्निग्धता से भरपूर हैं और प्रभावित करती हैं। इन कविताओं में ठीक वही कोमल स्पर्श मिलता है जो सर्वेश्वर दयाल सक्सेना की कुछ प्रेम कविताओं में मिलता है। एक छोटी-सी कविता 'सुबह की तरह' इस अभिव्यक्तिसाम्य का प्रमाण है :

*सुबह की तरह*
*एक जानी-पहचानी नवीनता से*
*चकित किया था मुझे।*
*तुमने मुझमें*
*काकली-सी*
*कोलाहलपूर्ण मधुरता भरकर*
*मुग्ध किया था*
*फिर चन्द्रिका-सी*
*देह में शीतल ऊष्णता भरकर*
*तुमने मुझे उन्मत्त किया था।*

'गुलाब', 'तुम्हारी आँखों की पाण्डुलिपि', 'स्मृति और विस्मृति' आदि कविताएँ

भी इसी मिजाज की कविताएँ हैं। अभिव्यक्ति की इस मुद्रा में समय के गुजर रहे चक्र को कुछ कविताओं में सौरींद्र बारिक ने पकड़ा है। 'याद है न' तथा 'विवाह-वार्षिकी' शृंखला की कविताएँ इस सन्दर्भ में उल्लेखनीय हैं। 'विवाह-वार्षिकी—तीन' में कवि लिखता है :

*आज जीवन-घड़ी का काँटा जरा-सा रुक जाएगा*
*स्मृति की धूप में, मन उलटा खेल रचेगा*
*अपने पंख पर आ गिरेगी आसमान की नीली और*
*चमचमाती धूप*
*भाग-दौड़ दुनिया से चुराकर ले जाने वाली शर्म से*
*जरा-सी एकान्तता के बीच कुछ याद नहीं आएगा*
*कुछ भूला भी नहीं जाएगा, कुछ स्वयं भी देखा नहीं जाएगा,*
*परस्पर केवल स्मृति, केवल भ्रान्ति*
*आह! दीर्घ साँस बनकर रह जाएगी केवल।*

अंग्रेजी कवि शिव के. कुमार के काव्य संग्रह के *'देह के दो मौसम'* का आस्वाद अपेक्षाकृत दूसरा है। यहाँ देशज छवियाँ तो हैं, मगर इनमें व्याप्त गन्ध नयी और इस लिहाज से आकर्षक भी हैं लेकिन थोड़ी अजनबी लगती हैं। दूसरी बात यह कि इन कविताओं में सौरींद्र बारिक के यहाँ मिलने वाले बेहद निजी सन्दर्भ भी नहीं हैं और जगन्नाथ प्रसाद दास की कविताओं में सुलभ व्यापक सामाजिक कैनवास भी नहीं हैं। बल्कि इनकी जगह जीवन के छोटे-बड़े प्रसंगों पर टिकी हुई संवेदनासंकुल दृष्टि है और इनसे ऊर्जा और ऊष्मा पा रहा कवि है। कवि ध्यान से देखता है, उसमें डूबता है तथा कुछ और होकर बाहर निकल आता है। आश्चर्य नहीं कि संकलन की पहली ही कविता कोढ़ियों की सेवा कर रही मदर टेरेसा पर केन्द्रित है। उसके बाद कवि का ध्यान उस कैंसरग्रस्त मित्र पर जाता है जिसने मरते समय अपना शव अनुसन्धान हेतु अर्पित कर दिया था। लेकिन इस परोपकारी महानता से प्रभावित होकर लिख रहे कवि की पंक्तियाँ मध्यवर्गीय भावुकता या आभार का उच्छ्वास नहीं हैं, बल्कि कवि इसके आगे जाकर कुछ और भी समझाना चाहता है। इसलिए वह याद करता है—

*तुमने कहा था*
*लो खा जाना मेरा शरीर*
*और पी लेना मेरे आँसुओं को*
*उतर जाओ मेरे स्नायुओं की भूलभुलैया में*
*ताकि जान सको तुम*
*मेरी पीड़ा का स्रोत*
*मेरी रक्त सरिता में*

*कहीं न कहीं*
*उस मुर्दा मछली ने*
*कोई निशान तो छोड़ा ही होगा।*

(रक्त में सूर्यग्रहण की छाया)

इसी तरह दिल्ली के फुटपाथ पर एक तिब्बती शरणार्थी महिला को देखकर, या एक मजदूरिन को दोपहर के विश्राम में अपने बेटे को दूध पिलाते देख शिव के. कुमार का कवि चौकस हो जाता है। लेकिन *देह के दो मौसम में* भी कविताओं के दो मिजाज हैं। कवि की दूसरी कुछ कविताएँ अभिव्यक्ति के स्तर पर ज्यादा जटिल हैं और ज्यादा दुरूह विषयों को पकड़ती हैं। 'आग का बपतिस्मा', 'बादल', 'स्वरचित मृत्युलोक' आदि ऐसी ही कविताएँ हैं। बीसवीं सदी के तीसरे दशक में प्रकाशित टी. एस. एलियट के 'वेस्टलैंड' में खोयी हुई आस्था की तलाश के लिए जिस 'दा', 'दत्ता' और 'दयाध्वम' के भारतीय दर्शन की ओर संकेत है, उसी की कर्मकांडी ऊब को 'आग का बपतिस्मा' कविता में कवि सामने रखता है। लेकिन इस ऊब के बाद भी कोई आस्था है जो कवि की कुछ अन्य कविताओं में दिखाई पड़ती है। 'बादल' कविता में इस आस्थावादी दर्शन की झलक मिलती है।

*लेकिन विलीन हो जाना*
*मर जाना नहीं है क्योंकि*
*पुनरुज्जीवन तो है ही*
*हमेशा से नियम प्रकृति का।*

अपने समय में आ रहे बदलाव को कवि कई स्तरों पर सामने रखता है। 'मेरे तरुण पुत्र का कमरा' सिर्फ पीढ़ियों के अन्तराल को नहीं रचता है बल्कि उस सभ्यतागत संकट को उभारता है जो एक हिंसक रूप में हमारे सामने है। दिल्ली कवियों और लेखकों के लिए एक पुराना विषय रही है। उसके राजसी वैभव, इसके नित बदलते शृंगार, उसके गाढ़े होते स्वरूप ने शिव के. कुमार को भी प्रेरित किया है। हालाँकि यह आज की दिल्ली है—बुढ़ाती और बदसूरत होती दिल्ली, जिसे शिव के. कुमार अपनी कविताओं में देखते हैं। बेतहाशा फैल-पसर रही यह दिल्ली कवि के शाप का शिकार भी बनती है :

*यह रही मेरी भविष्यवाणी*
*बाबुल-ओ-नैनवा की तरह*
*तुम भी एक दिन*
*खँडहर हो जाओगी*
*और न उभरेगा कभी*

*कोई नया इन्द्रप्रस्थ*
*तुम्हारी इस बाँझ और बुसी राख से।*

शिव के. कुमार की सधी हुई अभिव्यक्ति कई दूसरी कविताओं में भी दिखाई पड़ती है। इनमें स्थितियाँ, विचारों और रचनाभूमि की एक व्यापक विविधता है। मगर इस विविधता का सुख रचना के साथ आत्मसात होने की एक प्रक्रिया से गुजरकर ही मिलता है।

जगन्नाथ प्रसाद दास, सौरींद्र बारिक और शिव के. कुमार—ये तीनों भारतीय कवि समकालीन कविता की अलग-अलग छटाओं से हमें परिचित कराते हैं। इनमें गुजरते हुए यह भरोसा पुख्ता होता है कि आज की भारतीय कविता जीवन के बहुत सारे अनुभवों के आर-पार जाने और वहाँ से विचारों और संवेदनाओं के नये सूत्र ढूँढ़ लाने में समर्थ हुई है और अभिव्यक्ति की कई डिजाइनें उसके पास हैं।

**(आजकल : फरवरी, 1995)**

# मिलान कुन्देरा : कविता और क्रान्ति

चेक उपन्यासकार मिलान कुन्देरा के उपन्यास 'लाइफ़ इज़ एल्सव्हेयर' का नायक एक कवि है—उपन्यास उसकी पैदाइश से शुरू होता है, उसकी मौत तक की कहानी कहता है—बीच में और भी कहानियाँ हैं। लेकिन मुख्य बात कवियों को लेकर कुन्देरा का दृष्टिकोण है। कुन्देरा के मुताबिक कवि उन घरों में आते हैं जहाँ औरतों का राज रहता है। यहाँ लगता है कि कुन्देरा कवियों को लेकर सहृदय हैं। लेकिन धीरे-धीरे हम पाते हैं कि पूरे उपन्यास में कवि एक उपहासास्पद नायक की तरह सामने आता है। वह जिससे प्रेम करता है, उससे कह नहीं पाता और उसकी जगह जिससे प्रेम करने लगता है, उसे सह नहीं पाता। चूँकि कलम कुन्देरा की है, इसलिए यह उपन्यास एक कवि की सतही खिल्ली में नहीं बदलता, बल्कि बहुत बारीक ढंग से कवि और कविता की बहुत तीखी आलोचना का साक्ष्य बनता है।

कुन्देरा के मुताबिक कवि कल्पना के एक संसार में रहता है—वह शब्दाडम्बरों को जैसे सच मान बैठता है। चेकोस्लोवाकिया में कम्युनिस्ट क्रान्ति के नाम पर जो ज्यादतियाँ हुईं, उसे भुलाकर वह क्रान्ति के गान गाता रहा। उपन्यास में एक दृश्य है—पुलिस मुख्यालय में कविता पाठ का आयोजन किया गया है। कवि है, और उनके साथ चर्चा है। बाद में उपन्यासकार लिखता है, यह ऐसा समय था जिसमें कवि और जल्लाद साथ-साथ थे।

कुन्देरा का कहना है कि उपन्यासकारों ने भी क्रान्ति के समर्थन में उपन्यास लिखे। लेकिन वे बेहद बेजान उपन्यास थे, क्योंकि उनमें नकली यथार्थ था जो बड़ी आसानी से पकड़ में आता रहा। लेकिन कवियों ने इस दौर में बहुत ही अच्छी कविताएँ लिखीं। क्योंकि उनकी कविता ज़मीन के यथार्थ से नहीं, अपनी कल्पना से पैदा होती रही। कहीं यह तर्क दिखता है कि कई क्रान्तिकारी और क्रान्तिकामी कवि अपनी कल्पना से एक हिंसक क्रान्ति के लिए समर्थन का संसार बनाते रहे।

क्या कुन्देरा के इस आक्षेप में कोई अन्तर्दृष्टि है? कुन्देरा में कवि के प्रति एक

तरह का द्वेषभाव दिखाई पड़ता है, लेकिन क्या उसकी टिप्पणी को पूरे साहित्य पर लागू किया जा सकता है? एक दौर में नक्सलवाद के समर्थन में हिन्दी की बहुत सारी कविताएँ लिखी गयीं। निश्चय ही वे मुक्ति की आकांक्षा और मनुष्य के संघर्ष की कविताएँ हैं। लेकिन क्या वे कविताएँ एक स्तर पर क्रान्ति का सरलीकरण और रोमानीकरण करती नहीं जान पड़ती हैं? मिसाल के तौर पर हम सब आलोकधन्वा की कविता 'गोली दागो पोस्टर' के मुरीद रहे। वाकई वह कविता अपने आशयों में झनझना देने वाली कविता है। कविता के आखिरी हिस्से तक आते-आते आलोकधन्वा लिखते हैं, *'जिस जमीन पर मैं अभी बैठकर लिख रहा हूँ। जिस ज़मीन पर मैं चलता हूँ/जिस ज़मीन को मैं जोतता हूँ/जिस ज़मीन में बीज बोता हूँ और/जिस ज़मीन से अन्न निकालकर मैं/गोदामों तक ढोता हूँ/उस ज़मीन के लिए गोली दागने का अधिकार/मुझे है या उन दोगले ज़मींदारों को जो पूरे देश को/सूदखोर का कुत्ता बना देना चाहते हैं/यह कविता नहीं है/यह गोली दागने की समझ है/जो तमाम कलम चलाने वालों को/तमाम हल चलानेवालों से मिल रही है।'*

ऐसी कविताएँ हिन्दी में और भी लिखी गयीं—कहीं ज़्यादा सतही प्रतीकों और कहीं ज़्यादा भड़काऊ शैली में। लेकिन इस एहसास के बिना कि गोली दागने की समझ हल चलाने वालों को भी बदल डालती है और कलम चलाने वालों को भी। हाथ में बन्दूक आती है तो कवि कवि नहीं रह जाता, किसान किसान नहीं रह जाता वह कुछ गोली दागने वाले जैसा भी हो जाता है। क्रान्ति बन्दूकों से आती है, लेकिन बन्दूकों के इस्तेमाल से कविता नहीं निकलती, खून निकलता है। क्रान्ति के बारे में माओत्से तुंग का यह कथन मशहूर है कि क्रान्ति डिनर पार्टी नहीं है, वह निबन्ध लेखन नहीं है, वह कोई पेंटिंग या फिल्म बनाना या कसीदाकारी करना नहीं है। यह एक निर्मम काम है जिसमें जान लेनी पड़ती है। क्या हिन्दी का कवि माओ को भूल कर कविता को क्रान्ति तक महदूद रखना चाहता है?

निश्चय ही यह सवाल वाजिब है कि कविता अगर खून से लथपथ मनुष्यता की बात करती है, अगर वह प्रतिरोध की बात करती है, अगर वह जुल्म और शोषण के विरुद्ध खड़े होने की बात करती है तो इसमें क्या गलत है। क्या आलोकधन्वा की कविता इसलिए छोटी हो जाती है कि वह कलम से बन्दूक तक जाती है? निश्चय ही यह छोटी कविता नहीं है। 1972 की कविता अगर 40 साल बाद मेरी तरह के एक पाठक की स्मृति और उसके सन्दर्भ का हिस्सा बन रही है तो इसीलिए कि इस कविता में कुछ है जो हमारे हृदय को छूता है। शायद जिस मार्मिकता के साथ यह कविता मामूली आदमी की घुटन, उसकी छटपटाहट, जानवर बनाये जाने के विरुद्ध उसके विक्षोभ और उसके प्रतिरोध की कामना को रखती है, जिस तरह यह कविता उस मामूली आदमी के साथ खड़ी होती है, उससे उस कविता का मूल्य बनता है, उसकी मनुष्यता बनती है। लेकिन मेरी तरह के पाठक के लिए यह सवाल बचा रहता

है कि अन्ततः बन्दूक उठाने की तजबीज बताने वाली यह कविता हमें ले कहाँ जाती है?

निश्चय ही यह टिप्पणी सिर्फ आलोकधन्वा और उनकी कविता पर नहीं है, सिर्फ उस दौर में लिखी जा रही नक्सली कविताओं और नक्सलवाद को रोमानी चश्मे से देख रहे कवियों-लेखकों पर भी नहीं है। हालाँकि उस नक्सली आन्दोलन को बर्बर पुलिस दमन ने खत्म कर दिया और क्रान्ति की आँच में महरूम हिन्दी कविता दूसरी दिशाओं में मुड़ गयी। तब भी शायद क्रान्ति को कविता की उतनी ज़रूरत नहीं थी जितनी क्रान्ति की कवियों को थी। आज जब फिर से लाल गलियारा सरकारों को डरा रहा है और भारत सरकार के सबसे बड़े नुमाइन्दे बढ़ते माओवाद को देश के लिए आतंकवाद से भी बड़ा ख़तरा बता रहे हैं तब भी वह हिंसक क्रान्ति कविता के भरोसे नहीं की जा रही है। शायद इस दौर में कविता भी पहले के मुकाबले कहीं ज्यादा परिपक्व हुई है और वह क्रान्ति के ईंधन का काम नहीं कर रही।

दरअसल भले ही कविता के एक बड़े पुरखे वर्ड्सवर्थ ने कहा था कि कविता सशक्त भावनाओं का स्वतःस्फूर्त प्रवाह है, लेकिन सच्चाई यह है कि स्वतःस्फूर्तता कविता को एक तरह की संवेदनसंकुलता भले दे विचारसम्पन्नता नहीं देती। उसके लिए ठहरना पड़ता है, पलटकर अपनी कविता को नये सिरे से देखना पड़ता है अपनी ही भावनाओं पर सन्देह करना होता है। जब ईमां रोकने की कोशिश करे और कुफ्र खींचने की, तब काबे और कलीसे को ठीक से पहचानने का जतन ही किसी को मिर्ज़ा गालिब बनाता है।

जब भारत और चीन के बीच युद्ध चल रहा था तो बहुत सारे कवि सेना और सैनिकों का हौसला बढ़ाने आये। देशभक्ति और वीररस की एक से एक कविताएँ लिखी गयीं। गंगा ललकारती रही, हिमालय पुकारता रहा, बहनें भाइयों के माथे पर टीका लगाकर उन्हें रणभूमि में भेजती रहीं। लेकिन उस दौर में हिन्दी के एक कवि ने एक अलग तरह की कविता लिखी थी। ये भवानी प्रसाद मिश्र थे जिन्होंने गाँधी को सम्बोधित किया और लिखा कि हम अगर तुम्हें न भूल गये होते तो सीमा पर हमारी सेना नहीं, हमारे स्वयंसेवक होते और फिर शायद चीन की सेना इतनी आसान जीत हासिल न कर पाती।

निश्चय ही इस खयाल में भी एक यूटोपिया है। लेकिन यह बन्दूक उठाने के यूटोपिया के मुकाबले कहीं ज़्यादा मानवीय है। जहाँ तक कुन्देरा का सवाल है, कवि और कविता के ख़िलाफ उसकी सारी औपन्यासिक दलीलों के बावजूद मैं कवि के साथ खड़ा होना पसन्द करूँगा, कुन्देरा के साथ नहीं। गद्य में अपना सयानापन होता होगा। समाज को कहीं ज़्यादा खरे ढंग से देखने की तमीज़ होती होगी। लेकिन वह कल्पनाशीलता कहाँ से आ सकती है जिसमें शमशेर का एक आदमी दो पहाड़ों को कोहनियों से ठेलता पूरब से पच्छिम को एक कदम से नापता बढ़ता चला जाये और सारी तकलीफों के बीच किसी मुक्तिबोध को हज़ारों रास्ते बाँहें फैलाये मिला करें।

# इज़राइल नाम की दीवार के आगे ग्रास

नोबेल पुरस्कार प्राप्त लेखक गुंटर ग्रास की कविता 'व्हाट मस्ट बी सेड' ने इन दिनों जर्मनी से लेकर इज़राइल तक तूफ़ान मचा रखा है। इज़राइल ने तो सीधे-सीधे गुंटर ग्रास पर पाबन्दी लगा दी है। जबकि दुनिया भर में बहुत सारे लोग आहत हैं कि गुंटर ग्रास जैसे संवेदनशील लेखक ने इज़राइल और ईरान को एक ही तराजू में रखकर देखने की कोशिश कैसे की। बहुत सारे लोगों को उनका वह अतीत याद आ रहा है जो उनकी ही आत्मस्वीकृति से खुला है—कि उन्होंने हिटलर के एक संगठन एसएस में रहकर भी काम किया।

ध्यान से देखें तो अरसे बाद ऐसी कोई रचना आयी है जिसने राजनीतिक व्यवस्थाओं के भीतर इतनी बेचैनी पैदा की है। दिलचस्प यह है कि गुंटर ग्रास की यह कविता कोई महान कविता नहीं है। बेशक इसकी शुरुआत अच्छी है—*'मैं क्यों ख़ामोश रहा/उस पर चुपचाप/जो युद्ध के खेलों में खुलेआम चल रहा है/जिसके अन्त में हममें से जो बचे रह जाएँगे/वे ज़्यादा से ज़्यादा फुटनोट्स होंगे।'* लेकिन इसके तत्काल बाद कविता जैसे एक सपाट राजनीतिक वक्तव्य में बदल जाती है। वह याद दिलाती है कि हर किसी को ईरान के ऐटमी कार्यक्रम की फिक्र सता रही है, जबकि उससे कहीं ज़्यादा आगे बढ़े हुए इज़राइल के ऐटमी कार्यक्रम पर सब ख़ामोश हैं। हंगामा इसी पर बरपा है। गुंटर ग्रास से किसी को इस तुलना की उम्मीद नहीं थी।

लेकिन मेरी दिलचस्पी ईरान और इज़राइल के टकराव या उनकी बराबरी को समझने से ज़्यादा इस तथ्य में है कि आज की दुनिया में भी एक कविता व्यवस्थाओं में इतना विक्षोभ पैदा कर सकती है तो इसकी वजह क्या है। पहली बात तो यह, कविता अपने आशयों में बहुत सपाट है—इतनी सपाट कि एक स्तर पर यह ख़राब कविता नज़र आती है। लेकिन शायद ऐसी सपाट और स्थूल कविताएँ ही आज की राजनीतिक व्यवस्थाओं को समझ में आ सकती हैं, वे सूक्ष्म और बारीक अभिव्यक्तियाँ

नहीं जो बेहतर कविता की कसौटी मानी जाती हैं। तो एक निष्कर्ष तो हम यह निकाल सकते हैं कि बहुत सूक्ष्म और अभिव्यक्तिसक्षम कविताओं के अलावा हमें ऐसी ठोस राजनीतिक रचनाओं की भी ज़रूरत है जिनसे आँख मिलाते राजनीतिक व्यवस्थाओं को असुविधा हो। गुंटर ग्रास की कविता यह समझने में हमारी मदद करती है।

लेकिन गुंटर ग्रास की कविता का प्रथम पाठ अगर इजराइल और ईरान के बीच चल रही राजनीति के द्वंद्व से बनता है तो दूसरा पाठ राजनीतिक व्यवस्थाओं के यथास्थितिवाद को साहित्य की तरफ से दी जा रही चुनौती से बनता है। हमारे लिए ग्रास की कविता का प्रतीकात्मक महत्त्व दरअसल इसी दूसरे पाठ में निहित है। इस पाठ को अगर ध्यान से देखें तो यह समझ में आता है कि राजनीतिक व्यवस्थाएँ मूलतः अपने स्वार्थों की निर्मिति होती हैं और उनकी कोशिश न्याय के सिद्धान्त को अपने पक्ष में मोड़ने की होती है।

यहाँ इजराइल के सन्दर्भ में करीब 3 साल पहले एक और लेखक के दिये गये एक वक्तव्य को याद कर सकते हैं। जापान के प्रसिद्ध लेखक हारुकी मुराकामी को 2009 का जेरूसलम सम्मान देने की घोषणा हुई। ये वे दिन थे जब गाज़ा पट्टी में इजराइली सैनिकों द्वारा चल रहे क़त्लेआम की ख़बरें दुनिया को दहला रही थीं। संयुक्त राष्ट्र की रिपोर्ट के मुताबिक वहाँ 1000 लोग मारे जा चुके थे जिनमें बड़ी तादाद में बच्चे और बूढ़े थे। तब बहुत सारे लोगों ने मुराकामी से कहा कि वे इस हत्याकांड के विरोध में इज़राइल न जायें। लेकिन मुराकामी वहाँ गये और अपने बहुत बारीक वक्तव्य में उन्होंने *अपने फैसले का बचाव किया। उन्होंने कहा, 'एक ऊँची मज़बूत दीवार और उस पर टूटने वाले अण्डे के बीच मैं हमेशा अण्डे के पक्ष में खड़ा होऊँगा। हाँ, यह मायने नहीं रखता कि दीवार कितनी सही हो सकती है और अण्डा कितना गलत हो सकता है। मैं अण्डे के साथ खड़ा होऊँगा। किसी और को तय करना होगा कि क्या सही है और क्या गलत। शायद वह इतिहास तय करेगा। अगर कोई उपन्यासकार, चाहे जिस वजह से भी, दीवार के साथ खड़े होकर लिखेगा, तो ऐसी कृति का क्या मतलब रह जाएगा?'*

मुराकामी अपने हिसाब से दीवार के ख़िलाफ़ खड़े थे—या वे यह तय करने को तैयार नहीं थे कि दीवार को दीवार की तरह पहचाना जाये। इज़राइल ने उन्हें पुरस्कृत किया और उनकी सादाबयानी पर दुनिया भर में तालियाँ बजीं। लेकिन इज़राइल को लेकर जो उदारता मुराकामी ने दिखायी, वही गुंटर ग्रास को लेकर इज़राइल ने नहीं दिखायी। क्या यह मुल्कों का, या राजनीति का चरित्र होता है कि वे साहित्य की संवेदनशीलता के प्रति बेपरवाह होते हैं और सारे फ़ैसले इस बात से करते हैं कि कौन उनके पक्ष में खड़ा है और कौन उनके ख़िलाफ?

जो भी हो, यह लेख इस बात की वकालत नहीं करता कि मुराकामी को

इज़राइल नहीं जाना चाहिए था। मेरा तो यह मानना है कि अगर इज़राइल न्योता दे तो गुंटर ग्रास को भी वहाँ जाना चाहिए और अपने फ़ैसले का, अपनी कविता का बचाव करते हुए जाना चाहिए। यह अलग बात है कि ज़्यादातर लेखकों के लिए ऐसी यात्राएँ—दुर्भाग्य से—उनके लेखकीय विश्वास से कहीं ज्यादा अहमियत रखने लगती हैं और वे ऐसे मौकों पर बदलते दिखाई पड़ते हैं।

बहरहाल, लेखक को ऐसे किसी भ्रम में नहीं रहना चाहिए कि उसका अपना कोई मुल्क होता है, उसके साथ राजनीतिक व्यवस्थाएँ खड़ी होती हैं। रूस की कवयित्री मरीया त्स्वेतायेवा ने एक लेख में लिखा था कि लेखक का कोई मुल्क नहीं होता, वह हमेशा पराया होता है। किसी और लेखक ने यह तज़बीज़ दी थी कि लेखक को चोर और तस्कर की तरह काम करना चाहिए, दबे पाँव विचारधाराओं के किले में सेंधमारी करनी चाहिए। अपने 'टिन ड्रम' से मशहूर हुए गुंटर ग्रास ने शायद एक स्तर पर यही काम किया है और ईरान की तरफदारी का जोख़िम मोल लेते हुए इज़राइल का विरोध किया है। अब इतिहास को तय करने दीजिए कि सही कौन है—इजराइल या ईरान। चाहें तो याद कर सकते हैं कि अपने उस भाषण में मुराकामी ने कहा था—"हम सब इंसान हैं, मुल्क, नस्ल और मज़हब के पार खड़े लोग, वे कमज़ोर अंडे जिनके सामने व्यवस्था नाम की मज़बूत दीवार खड़ी है। ...हमें व्यवस्था को ये इज़ाज़त नहीं देनी चाहिए कि वह हमारा शोषण करे। हमें व्यवस्था को उसका अपना जीवन हासिल करने नहीं देना चाहिए। व्यवस्था ने हमें नहीं बनाया। हमने व्यवस्था को बनाया है।"

**(दैनिक भास्कर : 31 अप्रैल, 2012)**

# तुम्हें भला क्या पहचानेंगे साहब काले

हिन्दी साहित्य अपने चार मूर्द्धन्य कवियों का जन्मशताब्दी वर्ष मना रहा है। नागार्जुन, केदारनाथ अग्रवाल, शमशेर बहादुर सिंह और अज्ञेय अगर आज जीवित होते तो सौ वर्ष के होते। इनके अलावा 'गिरती दीवारें' जैसी कृति के रचयिता उपेन्द्रनाथ अश्क और 'मेरा धन स्वाधीन कलम' जैसी न जाने कितनी यादगार कविताएँ लिखने वाले गोपाल सिंह नेपाली भी अपने 100 साल पूरे कर रहे होते। उर्दू के दो बड़े शायरों—फैज अहमद फैज और मजाज लखनवी का भी यह जन्म शताब्दी वर्ष है। इन सबसे आधी सदी बड़े रवीन्द्रनाथ टैगोर इस साल 150 वर्ष के हो रहे हैं।

बेशक, इन सबको लेकर कई आयोजन भी दिख रहे हैं। खासकर अज्ञेय और शमशेर को लेकर ढेर सारे आयोजन हो रहे हैं। नागार्जुन और केदारनाथ अग्रवाल पर केन्द्रित कुछ आयोजनों की भी खबर है। साहित्य अकादेमी ने अज्ञेय, शमशेर, रवीन्द्रनाथ ठाकुर और फैज पर केन्द्रित अपने आयोजन किये हैं। कुछ साहित्यिक पत्रिकाएँ भी इन सब पर अपने अंक एकाग्र कर रही हैं। प्रभात खबर ने भारतीय साहित्य के नौ मूर्द्धन्य साहित्यकारों पर अपना दीपावली विशेषांक केन्द्रित किया। यानी हिन्दी समाज अपने इन लेखकों-कवियों को याद कर रहा है।

लेकिन इन छिटपुट उजालों को छोड़ दें तो आम तौर पर तथाकथित मुख्यधारा के माध्यमों में इस स्मृति के नाम पर सन्नाटा और अँधेरा है। अख़बार तमाम तरह की ख़बरों से भरे हैं, लेकिन उनमें इन आयोजनों की ख़बर नहीं मिलती। हिन्दी के समाचार चैनलों में तो हिन्दी की स्मृति को जैसे जान-बूझकर तिलांजति दी जा रही है।

एक तरह से देखें तो यह पुराना विलाप है। टीवी चैनल तो कायदे से इस दशक की पैदाइश हैं, लेकिन पिछले दो दशकों से मीडिया का कुल चरित्र जिस तरह बदला है, उसमें यह बार-बार दिखता रहा है कि साहित्य और संस्कृति से जुड़ी खबरों की

जगह लगातार घट रही है। अब वे अखबार गिनती भर भी नहीं रह गये हैं जहाँ पहले की तरह साहित्यिक-सांस्कृतिक समाचारों के संकलन के लिए नियमित व्यवस्था हो और किसी को इस बात की फिक्र कि अगर ये खबरें छूटेंगी तो पाठकों तक अच्छा सन्देश नहीं जाएगा।

सवाल है, यह फिक्र क्यों हो? अगर पाठक कविता-कहानी पढ़ने को तैयार नहीं है और उसे इस बात से फर्क नहीं पड़ता कि किन्हीं साहित्यिक आयोजनों की रिपोर्ट उसके अखबार में छप रही है या नहीं तो उन्हें क्यों छापा जाए? आखिर हमारे माध्यम हमारे समाज से ही बनते हैं और अगर समाज को अपने साहित्य या साहित्यकारों की परवाह नहीं है तो माध्यमों को क्यों हो? आखिर समाचार माध्यम जनरुचि को केन्द्र में रखकर ही अपने विषयों का चुनाव करते हैं। जनरुचि अगर कवि और कथाकार के पक्ष में न होकर क्रिकेटरों और अभिनेताओं पर ताली पीटने को तैयार हो तो समाचार माध्यम क्या गलत करते हैं अगर वे शमशेर-नागार्जुन की जगह सचिन और शाहरुख खान को समाज के सबसे बड़े नायकों की तरह प्रतिष्ठित करते हैं?

लेकिन यह सवाल इतना सपाट और सीधा नहीं है। निश्चय ही इस सवाल का एक सिरा भारतीय समाज में साहित्य की घटती हुई भूमिका और प्रासंगिकता से जुड़ता है। दुर्भाग्य से पिछले कुछ वर्षों में भारत में, और खासकर हिन्दीभाषी समाज में पढ़ने-लिखने का चलन बुरी तरह कमज़ोर पड़ा है। भारत में नयी बन रही शिक्षा व्यवस्था मूलतः सृजनात्मक अभिव्यक्तियों के खिलाफ है और ऊँचे वेतन वाली नौकरियों लायक प्रबन्धक और अभियन्ता तैयार करके अपनी भूमिका पूरी मान ले रही है। फिर यह शिक्षा-मूलतः अंग्रेजी में दी जा रही है—वह भी अच्छी अंग्रेजी में नहीं, बाज़ार के काम आने लायक उपयोगी और सतही अंग्रेजी में। नतीजा यह हो रहा है कि नयी पीढ़ी चाहे जितनी स्मार्ट हो, वह आइआइएम और आइआइटी जैसे संस्थानों को इकलौता लक्ष्य मानकर पढ़ाई कर रही है और पढ़कर इस नयी व्यवस्था का उपयोगी पुर्जा बनकर रह जा रही है। इससे जो समाज तैयार हो रहा है, वह आत्मविश्वास और आत्मप्रदर्शन का बस एक ही जरिया खोज पा रहा है—ज़्यादा से ज़्यादा पैसा और इस पैसे के बल पर ज़्यादा से ज़्यादा जुटाये जा सकने वाले सामान।

दुर्भाग्य से हमारे समाचार माध्यम इसी वर्ग को सम्बोधित हैं और इसलिए उन्हें कवि और चित्रकार नहीं, कहानी और नाटक नहीं, सचिन और शाहरुख—फिल्म और क्रिकेट-लुभाते हैं। कोई बौद्धिक सवाल या सरोकार उन्हें तब छूता है जब वह अंग्रेजी से जुड़े माध्यमों-अखबारों या टीवी चैनलों पर आता है। इसका सबसे बड़ा नुकसान भारतीय भाषाओं में काम कर रहे पेशेवर लोगों को होता है। जब तक वे अंग्रेजी में नहीं लिखते, वे किसी विषय के जानकार नहीं माने जाते हैं। जबकि दूसरी तरफ अंग्रेजी के औसत दर्जे के भगतनुमा लेखक हिन्दी में भक्तिभाव से छापे जाते हैं। यह

स्थिति साहित्य तक चली आती है। जो अंग्रेजी में हाथों-हाथ लिया जा रहा है वह बड़ा लेखक है, लेकिन जिसने अपना सारा जीवन हिन्दी समाज के लिए होम कर दिया उसे याद करना जरूरी नहीं है। मगर यह छपने या अनदेखा रह जाने का मामला नहीं है, यह एक समाज के अपने आत्मविश्वास का, अपनी पहचान का भी मामला है। असली त्रासदी यही है कि हिन्दी भाषी माध्यमों में यह आत्मविश्वास नहीं रह गया है कि वे अपने बूते सही-गलत की, उचित-अनुचित की, महत्त्वपूर्ण और महत्त्वहीन की पहचान कर सकें। और यह आत्मविश्वास इसलिए नहीं है कि उनके पास अपनी भाषा और समाज की सूचनाएँ नहीं हैं। ऐसे में परमुखकातरता हिन्दी के माध्यमों का ऐसा अभिशाप है जो उन्होंने खुद को उपहार मानकर दिया है।

इस परमुखकातरता का भी नतीजा है कि वे जनरुचि को बहुत सीमित दायरे में परिभाषित करने का अहंकार भरा दुस्साहस दिखाते हैं क्योंकि उनकी पीठ पर बाजार का हाथ होता है। यह एक बड़ा सवाल है कि जनरुचि कौन तय करता है। भारतीय माध्यमों के सन्दर्भ में वह छोटा-सा तबका, जिसकी इन माध्यमों पर मिल्कियत है और जो बाजार के लिए इस बात के आँकड़े जुटाता है कि किस वर्ग के लोग क्या देखना पसन्द करते हैं और उनके लिए कौन-सी सामग्री परोसी जाये जो देर तक उन्हें अखबार से जोड़े या टीवी से चिपकाये रख सके। संक्षेप में, एक छोटे-से वर्ग के बीच सीमित टीआरपी का खेल हिन्दी समाचार चैनलों की प्राथमिकता तय करता है और अंग्रेजी अखबारों की अपनी जरूरतों से निकली सामग्री हिन्दी अखबारों की रूपरेखा बनाती है। स्वाभाविक है, अज्ञेय, केदारनाथ अग्रवाल या नागार्जुन की इसमें जगह नहीं बनती।

अब इस सवाल को थोड़ा पलटकर देखें। क्या हुआ अगर माध्यमों में ये कवि या लेखक अनुपस्थित या उपेक्षित हैं? इनकी गैरहाजिरी से समाज का क्या नुकसान होता है? कविता इस समाज को क्या देती है? अज्ञेय या केदार या नागार्जुन हमारे लिए क्यों जरूरी हैं? इस प्रश्न पर विचार करने से कुछ जरूरी निष्कर्ष हासिल हो सकते हैं। किसी भी भाषा में उसके लेखक समाज को पहचानने का काम करते हैं। वे सिर्फ उन आवाजों के प्रतिनिधि नहीं होते जो मुख्यधारा पर हों या बड़ी मुखरता से सुनाई पड़ती हों। वे हाशिये पर पड़ी आवाजों, समाज के दूर-दराज से आ रही फुसफुसाहटों और समाज की चुप्पियों में भी प्रवक्ता होते हैं। किसी राजनीतिविज्ञानी या इतिहासकार के मुकाबले, किसी कारोबारी या पत्रकार के मुकाबले वे उन लोगों के कहीं ज्यादा विश्वसनीय प्रवक्ता होते हैं जो आम तौर पर दिखाई नहीं पड़ते। वे समाज का मन बनाते और उसे पढ़ते हैं। उनकी मार्फत हमें अपने समाज की अनजान तहें दिखाई पड़ती हैं और अन्ततः वे हमसे हमारी पहचान कराते हैं।

दुर्भाग्य से हाल के दिनों में वह समाज बड़ा होता गया है जिसकी आवाज नहीं सुनी जाती। वह हाशिया लगातार फैल रहा है जहाँ से आ रही फुसफुसाहटें और

धुकधुकियाँ सत्ता के केन्द्रों और माध्यमों तक पहुँचते-पहुँचते दम तोड़ जाती हैं। इस लिहाज से देखें तो दरअसल हमारे माध्यम इन कवियों या लेखकों की उपेक्षा ही नहीं कर रहे, वह इस पूरे समाज की अनदेखी कर रहे हैं। कवियों के जन्मशताब्दी उत्सवों से बेखबरी दरअसल उस बड़ी बेखबरी का हिस्सा है जो पूरे समाज के प्रति हमारे मीडिया में लगातार बढ़ रही है। जाहिर है, इसका नुकसान कविता को जितना हो रहा है, उससे ज्यादा समाज को और मीडिया को हो रहा है। क्योंकि कवि तो फिर भी रच रहा है—कहीं अज्ञेय की तरह पुकारता हुआ कि 'उसी एकान्त में घर दो, जिसमें सभी आयें' और कहीं केदार की तरह हुंकारता हुआ, *'जो जीवन की धूल चाटकर बड़ा हुआ है/तूफानों से लड़ा और फिर खड़ा हुआ है/जिसने सोने को खोदा, लोहा मोड़ा है/जो रवि के रथ का घोड़ा है/वह जन मारे नहीं मरेगा/नहीं मरेगा।'*

बरसों पहले अपनी बाँदा यात्रा के दौरान नागार्जुन ने एक कविता केदारनाथ अग्रवाल पर लिखी थी, अपनी जानी-पहचानी ठसक और अपने जनकवित्व के साथ— *'तुम्हें भला क्या पहचानेंगे बाँदा वाले/तुम्हें भला क्या पहचानेंगे साहब काले/तुम्हें भला क्या पहचानेंगे आम मवक्किल/तुम्हें भला क्या पहचानेंगे शासन की नाकों पर के तिल/तुम्हें भला क्या पहचानेंगे जिला अदालत के वे हाक़िम/...प्यारे भाई मैंने तुमको पहचाना है/समझा बूझा है जाना है।/केन कूल की काली मिट्टी की, वह भी तुम हो।/कालिंजर का चौड़ा सीना वह भी तुम हो।/ग्रामवधू की दबी हुई कजरारी चितवन/वह भी तुम हो/कुपित कृषक की टेढ़ी भौंहें, वह भी तुम हो...'*

हम और आप चाहें तो ये आवाज़ें सुन सकते हैं, ये पहचानें जोड़ सकते हैं। लेकिन नागार्जुन के शब्दों में अगर हमने काला साहब होने की नियति चुन ली है तो फिर वाकई केदार और नागार्जुन तो दूर, केन और कालिंजर को भी पहनना हमारे लिए मुश्किल होगा। दुर्भाग्य से हो यही रहा है—मीडिया कुछ नेताओं को पहचान रहा है, कुछ राजधानियों तक आ-जा रहा है, क्रिकेट के रूपकों की मार्फत देश को समझने की कोशिश कर रहा है, और फिल्मों के नकली नायकत्व पर रीझा जा रहा है।

ऐंसे में हिन्दी या उर्दू के कुछ कवियों की जन्मशती उसे क्यों याद रहे?

# जन-जन के कवि नागार्जुन

*'कालिदास सच-सच बतलाना/इन्दुमति के मृत्यु शोक में/अज रोया या तुम रोये थे/कालिदास सच-सच बतलाना.../उन पुष्करवर्त्त मेघों का/साथी बनकर उड़ने वाले/कालिदास सच-सच बतलाना/परपीड़ा में पूर-पूर हो/थक-थक कर औ चूर-चूर हो/अमल धवल गिरि के शिखरों पर/प्रियवर तुम कब सोये थे/रोया यक्ष कि तुम रोये थे... ।'*

नागार्जुन की कविताओं से मेरा पहला परिचय इन्हीं पंक्तियों की मार्फत हुआ था। रचना के चरित्रों की पीड़ा दरअसल लेखक की अपनी पीड़ा भी होती है, शायद यह सच भी इतने मार्मिक ढंग से पहली बार मेरे सामने खुला था। नागार्जुन की कविता का यह पहला अनुभव बाद में न जाने कितने, कितनी तरह के अनुभवों में बदला। लेकिन नागार्जुन को पढ़ना, और पढ़कर अभिभूत होना जितना आसान है, उन पर लिखना उतना ही कठिन। ऐसा कोई साँचा तैयार करना नामुमकिन लगता है जिसमें उनके रचनाकर्म को समेटा जा सके। ऐसा क्या है जो नागार्जुन के रचना संसार को इतना विराट बनता है? खुद नागार्जुन लिखते हैं तो बड़ी मासूमियत के साथ लिखते हैं : *'तुच्छ से अतितुच्छ जन की जीवनी पर हम लिखा करते/कहानी, काव्य, रूपक, गीत/क्योंकि हमको स्वयं भी तुच्छता का भेद है मालूम।'*

निश्चय ही इस जनपक्षधरता को नागार्जुन की कविता के मूल स्वभाव के रूप में रेखांकित किया जा सकता है। लेकिन यह भी एक अधूरा शब्द है। कहना यह है कि वे जनता के कवि हैं। उनकी विराटता इसी एक तथ्य में निहित है। वे उस जनता के कवि हैं, जो हमारे जनतन्त्र के बावजूद, राजनीति, इतिहास, सत्ता और साहित्य के विमर्श से भी बहिष्कृत है। हाँ, वह एक मुहावरे की तरह बची हुई है, कहीं-कहीं एक अवधारणा की भी तरह, लेकिन करोड़ों-करोड़ जीवित लोगों के ऐसे समूह की तरह नहीं, जिसका अपना एक देश है, अपनी एक स्मृति है, अपना एक जीवन है और अपनी एक दिनचर्या है।

नागार्जुन इसी जनता की तरफ से कविताएँ लिखते थे। इसी जनता की तरह जीते थे, इसी जनता की अनगिनत छवियाँ अपनी कविताओं में रखते थे। वे राजनीतिक कवि हैं, क्योंकि राजनीति के बिना जनता का काम नहीं चल सकता। वे कविता में कविता को बचाये रखते हुए भी इतनी राजनीति कर लेते हैं कि दूसरे कवि उनके दुस्साहस पर अचरज करें। सातवें दशक के मोहभंग के बाद नेहरू के देहान्त पर वही लिख सकते थे : *'रह जाते तुम दस साल और/तन जाता भ्रम का जाल और'*। फिर लाल बहादुर शास्त्री के आने पर जनता की तरफ से उनको ही यह कहने की सुध थी, *'लाल बहादुर, लाल बहादुर, मत बनना तुम गाल बहादुर'*। *'आओ रानी हम ढोएँगे पालकी, यही हुई है राय जवाहर लाल की'* जैसे चुटीली लेकिन तीखी कविताएँ जनता का कवि ही लिख सकता था। राजनीति और सत्ता के विद्रूप पर जितने तीखे और खांटी व्यंग्य नागार्जुन के यहाँ मिलते हैं, वे अन्यत्र दुर्लभ हैं। उनके यहाँ दिल्ली से टिकट मारकर आये नेता जी दिखते हैं, जमाखोरी करने वाले व्यापारी और चापलूसी करने वाले अधिकारी मिलते हैं, अध्यादेश और अनुदान के नाम पर चल रहे शासकीय पाखंड दिखते हैं, और भी बहुत कुछ दिखता है। यानी नागार्जुन की कविताओं से भारतीय राजनीति, सत्ता और व्यवस्था की एक पोर्ट्रेट गैलरी बनायी जा सकती है जिसमें ऊपर से लेकर नीचे तक का प्रतिनिधित्व हो जाये। अमूमन हिन्दी में बड़े ऊँचे किस्म की, संवेदनशील कविता लिखने वाले सुकुमार या धीर-गम्भीर कवियों को इन ओछे विषयों तक उतरने की हिम्मत नहीं होती।

लेकिन राजनीति या व्यवस्था से जुड़ी कविताएँ नागार्जुन के विशाल काव्य संसार का बस एक ही हिस्सा है। जनता का यह कवि जनता को खेतों में बादलों की धुन पर गाते-झूमते भी देखता है और उनके साथ हुलसकर गाता-झूमता है। बादल पर जितनी कविताएँ निराला के पास हैं उससे कम नागार्जुन के पास नहीं होंगी। और इन कविताओं में 'अमल धवल गिरि के शिखरों पर बादल को घिरते देखा है' जैसी लम्बी उदात्त कविताएँ ही शामिल नहीं हैं, बल्कि 'धिन-धिन धा धमक-धमक मेघ बजे' जैसी हुलसती हुई कविताएँ भी शामिल हैं। इन कविताओं में नागार्जुन आपको किसी किसान की तरह नाचते हुए दिखाई दे सकते हैं। प्रकृति के जो दूसरे चित्र भी उन्होंने खींचे हैं, वे अनूठे हैं। बादल के बाद चाँद को उन्होंने कई छवियों में पकड़ा है। 'खँडहर के कोने में/घुग्घू गया फाँद/नखत हुए उदास/खाँसता है चाँद', या फिर 'पीपल के पत्तों पर फिसल रही चाँदनी' जैसी कविताएँ अचानक नागार्जुन के एक अलहदा कविता-स्वभाव से परिचित कराती हैं। बादल और चाँद के अलावा वृक्ष भी उनके यहाँ बहुतायत में हैं। खासकर पीपल उनकी कई कविताओं में दिखाई पड़ता है। लेकिन यह अपने समाज से कटती प्रकृति के उस रिश्ते की कविता है जो इन दिनों लगातार टूट रहा है। वह मनुष्य की दिनचर्या में उपस्थित प्रकृति की कविता

है उससे विरत नहीं। प्रकृति की तरह प्रेम के भी कई चित्र नागार्जुन के यहाँ मिलते हैं। लेकिन प्रेम के जोखिमों को भी नागार्जुन लगभग अविश्वसनीय प्रतीत होने वाले प्रसंगों तक ले आते हैं उनकी कविता में ही ऐसे चरित्र हो सकते है जो पत्नी के प्रेम में इतने गहरे डूबे हुए हों कि उसके साथ 'सत्ता' होने को तैयार हो जाये। मगर नागार्जुन इस बात की परवाह नहीं करते कि उन पर किसी को यकीन आएगा या नहीं, बस बड़े मनोरोग से इस पत्नी निष्ठा की कथा कहते चलते हैं और पाठ उसमें डूब जाता है।

इन कविताओं को देखते हुए भ्रम हो सकता है कि नागार्जुन एक सरल कवि हैं। लेकिन यह सरलता कितनी बीहड़ है, इसका अन्दाजा उन कविताओं में मिलता है जहाँ हम नागार्जुन की जनता का, उसकी दुनिया का सीधा प्रतिनिधित्व पाते हैं। उनकी निगाह दूसरी निगाह में नहीं आते। 'नेवला' कविता इस बीहड़ता का एक उदारहण है। ऐसे उदाहरण उनके यहाँ अनगिमत हैं। फिर उनकी कविताओं में अपने-अपने दबाव झेल रहे, अपने-अपने ढंग से जी रहे लोग हैं जो बड़ी मार्मिकता से आते हैं। एक बहुत ही मार्मिक कविता में हमारी मुठभेड़ एक मुसलमान रिक्शे वाले से होती है जिसे मुसलमान होने की वजह से सवारी नहीं मिलती। लेकिन उसने इसका उपाय खोज लिया है। उसमें एक चुटिया रख ली है और लोगों को अपना नाम प्रेम प्रकाश बताता है। लेकिन कवि इस बात को ठीक-ठीक पहचान पाता है कि परेम परकाश सिर्फ नाम परिवर्तन नहीं है, एक अतीत से विचलन भी है और इस विचलन के घाव गहरे होंगे। इसी तरह एक कविता है 'गुलाबी चूड़ियाँ', जो एक ड्राइवर ने अपनी गाड़ी में अपनी सीट के आगे लटका रखी हैं। इस नामालूम-सी, बेखबर-सी घटना में एक कविता छुपी हो सकती है, यह नागार्जुन ही देख सकते हैं। ऐसे ही रोजमर्रा के प्रसंगों की अनेकानेक कविताएँ नागार्जुन की कविता के सबसे बड़े हिस्से को रचती हैं और इन सारी कविताओं को पढ़ें तो आपको उस भारत के दर्शन हो सकते हैं जो भारतीयता की किसी दार्शनिक या राजनीतिक परिभाषा से मुक्त, लोक अभ्यास के इन सालों में विकसित हुआ है।

जनता के इस कवि की ईश्वर से भी मुठभेड़ होती है। इस मुठभेड़ की घड़ियों में सबसे दिलचस्प कविता बनती है। यहाँ नागार्जुन का बीहड़, प्रयोगधर्मी और क्रान्तिकारी व्यक्तित्व अपनी सबसे प्यारी खूबसूरती के साथ खुलता है। वे जनता की परिस्थितियाँ समझते हैं और जानते हैं कि इसका किसी ईश्वर की रची नियति से वास्ता नहीं है, बल्कि कुछ मनुष्यों की रची व्यवस्था से है। ईश्वर को उनका सम्बोधन और अनुरोध देखने लायक है : *'कल्पना के पुत्र हे भगवान/चाहिए नहीं मुझको वरदान/दे सको तो दो मुझे अभिशाप/प्रिय मुझे है जलन, प्रिय सन्ताप/चाहिए मुझको नहीं यह शान्ति/चाहिए सन्देह उलझन भ्रान्ति।'* लेकिन ईश्वर के प्रति इस अनास्था में 'डेवीएशन' भी आते हैं जिसे 'पछाड़ दिया मेरे नास्तिक को मेरे आस्तिक ने' में

नागार्जुन दिलचस्प ढंग से उकेरते हैं।

विषयों के स्तर की यह विविधता शिल्प में और भी प्रखर दिखाई पड़ती है। हिन्दी कविता में शायद जितने उपलब्ध शिल्प हैं, गाने-बजाने के जो ढंग हैं, उन सबको नागार्जुन ने लगता है, साध-सा लिया है। मुक्त छन्द की कविताएँ भी उनकी बेहद मौलिक लेकिन पकी हुई गठन में ढली दिखाई देती हैं। कहीं-कहीं दुस्साहस की हद तक प्रयोगधर्मी। 'मन्त्र कविता' एक ऐसा ही दुस्साहसिक प्रयोग है।

नागार्जुन ने अपनी कविता को जो बीहड़ जनपक्षीयता दी थी। वही अपने व्यक्तित्व को भी दी थी। वे वाकई जनता के बीच के आदमी थे। शायद हिन्दी कविता की दुनिया के ऐसे जिप्सी, जिन्होंने न जाने कितने घर बनाये। यह यायावर वृत्ति बड़ी संख्या में ऐसे लोगों को छोड़ गयी है जो उनके संस्मरणों से भरे पूरे हैं। पुरस्कार उन्होंने कुछ स्वीकार किये, कुछ छोड़ दिये। लेकिन जो पुरस्कार उन्हें नहीं मिले, वे निश्चय ही छोटे हो गये हैं। इत्तिफाकन नागार्जुन के उपन्यासों पर चर्चा हमेशा छूट जाती है। उनका कवि रूप ही बार-बार सामने आता है। शायद इसलिए कि वह अपने-आप में इतना मुकम्मिल है कि लगता ही नहीं कि नागार्जुन को कुछ और लिखने की आवश्यकता थी। लेकिन उनके उपन्यास भी बेहद महत्त्वपूर्ण हैं। नागार्जुन हिन्दी के विराटतम व्यक्तित्वों में एक थे और उनकी कविताएँ हमेशा साधारण जनों द्वार पढ़ी जाएँगी। कविता जब बेहद आत्मकेन्द्रित हो रही है, जब उसकी दुनिया इतनी सिकुड़ी हुई है कि उसके पाठक दिखाई नहीं पड़ते, तब भी ऐसी स्वीकार्यता नागार्जुन को शायद इसीलिए हासिल हो पायी कि उन्होंने अपने आप को जनता से एकाकार-सा कर लिया था। हिन्दी संसार के लिए वे बाबा थे। एक ऐसे बुजुर्ग, जिसकी छाँह में हिन्दी कविता अपनी सामाजिकता के बचे होने का यकीन कर सकती थी। उनके निधन से अगर हिन्दी कविता की दुनिया सहसा निस्तेज-सी दिखाई देती है, तो यह स्वाभाविक ही है। हिन्दी कविता के घर का बुजुर्ग नहीं रहा, जो थोड़ा सनकी होते हुए भी अपने खांटी अनुभवों से सिखाता था, डाँटता-फटकारता और दुलारता भी था और अपनी दुनिया में उन लोगों को लाता था जिन्हें देखकर पूछना पड़ता था, 'तुम्हें घिन तो नहीं आती'।

**(जनसत्ता : 6 नवम्बर, 1998)**

# ताप से सन्ताप तक की यात्रा

*फूल हैं, गोया मिट्टी के दिल हैं*
*धड़कते हुए*
*बादलों के गलीचे पे रंगीन बच्चे*
*मचलते हुए*
*प्यार के काँपते हुए होंठ हैं*
*मौत पर खिलखिलाती हुई चम्पई*
*जिन्दगी*
*जो कभी मात खाये नहीं*
*और खुशबू है*
*जिसको कोई बाँध पाये नहीं...*

यह सोचना वाकई तकलीफदेह है कि जीवन की कोमलता से, उसके सौन्दर्य से, राग से और अपराजय के गहरे बोध से इतना अन्तरंग रिश्ता रखने वाले कवि को आत्महत्या की नियति चुननी या स्वीकारनी पड़ती है। निश्चय ही गोरख पाण्डेय की मृत्यु में इस आत्महन्ता समाज का विद्रूप झाँकता है, और झाँकता है यह सवाल कि ऐसे फैसलों के पीछे कौन-सी मजबूरी होती है, वह कौन-सी प्रक्रिया होती है जो आदमी को इस हद तक तोड़ देती है? क्या अपनी संवेदनाएँ टटोलता हुआ व्यक्ति इस व्यवस्था को अच्छा नहीं लगता? शायद यही सच है। व्यवस्था के इस यूकेलिप्टस को संवेदना की शाखों का फूटना नहीं भाता और उसकी हरचन्द कोशिश होती है कि वह आदमी के भीतर की सारी तरलता को सोख ले, सुखा दे।

और इसी अमानवीय व्यवस्था के खिलाफ और उसमें आमूलचूल परिवर्तन के पक्ष में संघर्षरत एक मशाल का नाम था गोरख पाण्डेय। आज गोरख पाण्डेय के नहीं रहने के दो वर्षों बाद अपने आस-पास छायी उदासी का कोहरा ज्यादा गहराया प्रतीत होता है तो सिर्फ इसलिए नहीं कि हम अपने दौर के एक सशक्त कवि को याद कर

रहे हैं, बल्कि इसलिए कि हम एक ऐसे साथी की अनुपस्थिति का दबाव महसूस कर रहे हैं, जो अपनी समूची ऊर्जा और ऊष्मा के साथ परिवर्तनकारी ताकतों को ऊष्णता देता था, जो जनसंस्कृति के पक्ष में अपने पूरे ताप और अपनी पूरी ताकत से खड़ा था, जिसकी मौजूदगी सामाजिक संघर्षों को धार देती थी।

वस्तुतः सामाजिक-सांस्कृतिक संघर्षों के साँचे में ही गोरख पाण्डेय का समूचा व्यक्तित्व ढला था। ये संघर्ष उसके वजूद का इस हद तक हिस्सा थे कि इनके बगैर उसके जीवन, लेखन या चिन्तन की कोई भी तस्वीर मुकम्मल नहीं होती। वे आजीवन एक स्वतन्त्र सांस्कृतिक आन्दोलन की बात करते रहे और उसके लिए समर्पित रहे, क्योंकि उन्होंने अपने दौर के विसंस्कृतिकरण के चौतरफा दबावों को महसूस किया था। यही वजह थी कि 'जन-संस्कृति मंच' के जन्म से ही वे सत्ता-संस्कृति के समानान्तर एक जन संस्कृति को विकसित करने के लिए प्रयत्नशील रहे। जन संस्कृति मंच के महासचिव के रूप में उसकी प्रतिबद्धता और संस्कृति के विभिन्न उपादानों को एक कारगर हथियार में तबदील करने की उनकी बेचैनी, लेखकों और संस्कृतिकर्मियों को संगठित करने की उनकी कोशिशें गवाह हैं कि वे सामाजिक सवालों के प्रति किस हद तक सचेत थे। और उनकी प्रतिबद्धता, बेचैनी, कोशिशें और सजगता किसी इंकलाबी नारे की रूमानियत से पैदा नहीं हुई थी, बल्कि उसकी पृष्ठभूमि में सामाजिक सन्दर्भों की बारीक परख और सांस्कृतिक, राजनीतिक, ऐतिहासिक कारणों की गहरी समझ का एक सिलसिला था, जो उनके वक्तव्यों में, निबन्धों में, पत्रों में बार-बार अभिव्यक्त होता रहा। जीवन के मूलभूत प्रश्नों को लेकर उनके पास एक बेबाक दृष्टि थी। मसला चाहे संस्कृति का हो, साम्प्रदायिकता का, या संगठन का, या फिर आन्दोलन का—इन सबको लेकर गोरख पाण्डेय ने अपनी तार्किक स्थापनाएँ विकसित की थीं।

लेकिन इन सारी बातों के बावजूद या साथ-साथ, गोरख पाण्डेय मूलतः एक कवि थे। निजी और सार्वजनिक जीवन की दोहरी तकलीफों को, अपने बौद्धिक आवेग को, अपनी निरन्तर चोटिल होती संवेदनशीलता को, और अपने खाँटी भदेसपन को जब-जब उन्होंने स्वर दिया—पाठकों के सामने याद रखने लायक कविताएँ आयीं। जितनी तीव्रता के साथ उन्होंने अँधेरों के यथार्थ का सामना किया, उतनी ही अन्तरंगता के साथ उनकी कविता रोशनी और सपनों के कवच बुनती रही। जनसंघर्षों में साझेदारी की स्वतःस्फुर्त आकांक्षा उनकी कविताओं से फूटती रही और उनकी रचनाएँ सांस्कृतिक आन्दोलनों में रफ्तार भरती रहीं।

निश्चय ही जनवादी आस्थाओं को लेकर जितनी श्रेष्ठ कविताएँ हिन्दी में लिखी गयीं, उनमें एक महत्त्वपूर्ण हिस्सा गोरख पाण्डेय की कविताओं से बनता है। गोरख पाण्डेय की कविताओं में सामाजिक यथार्थ की विभिन्न परतों का जितना पारदर्शी चित्रण हुआ है, और अपनी छोटी संख्या में जितने बहुआयामी विस्तार को समेटती

हैं ये कविताएँ, उन्हें देखते हुए यह कहने से रहा नहीं जा सकता कि हमने अपने दौर के एक बेहद महत्त्वपूर्ण कवि को खो दिया है। समीक्षकों की मेजों से लेकर सड़क के नुक्कड़ों तक और गाँव की चौपालों तक गोरख की कविताएँ जिस असरदार ढंग से अपनी जगह बनाती रही हैं, वह विस्मित करने वाला है। हिन्दी और भोजपुरी में लिखे गये उनके गीत अभी तक लोगों की जुबान पर हैं और बदलाव चाहने वाली आँखों में चमक भरते रहे हैं। मौजूदा व्यवस्था की सड़ाँध और आमनवीय ऊब से इस हद तक उकताये हुए थे गोरख, कि समूची दुनिया को बदल देने का ख्वाब देखा था उन्होंने–

*'ये आँखें हैं तुम्हारी*
*तकलीफ का उमड़ता हुआ समन्दर*
*इस दुनिया को*
*जितनी जल्दी हो,*
*बदल देना चाहिए।'*

भोजपुरी में लिखे गये उनके गीतों 'समाजवाद', 'सपना', 'जनता के पलटनि', 'नेह के पाती', 'गुहार' आदि में उनकी क्रान्तिधर्मी चेतना का चरम विस्फोट नजर आता है। श्रमिकों और किसानों की सामाजिक अस्मिता के प्रति संवेदनशील साहित्यकार के इस विस्फोट की वजह शायद वह दुर्दशा है, जो आजादी के बाद भारत के गाँवों ने झेली है और जहाँ किसान एवं श्रमिक पशुवत जिन्दगी जीने के लिए अभिशप्त हैं। और इसीलिए इन भोजपुरी गीतों में कवि के व्यंग्य की धार बेहद तीखी होकर उभरती है और संघर्ष का आह्वान बेहद स्पष्ट ढंग से गूँजता है–

*तोहरे पसीनवा से अन धन सोनवा*
*तोहके के चूसी-चूसी बढ़े उनके तोनवा*
*तोहके बा मुट्ठी भर मकइया, चल तुहूँ लड़े बदे भइया*
*शुरू बा किसान के लड़इया, चल तुहूं*
*लड़े बदे भइया*

एक खास बात, जो गोरख पाण्डेय की कविताओं में हमेशा ध्यान खींचती है, वह है जन-संघर्षों में औरतों की भी भागेदारी का अहसास। इस देश की सामाजिक-ऐतिहासिक परिस्थितियों की वजह से आज भी सामन्तवादी दबावों में जी रही औरत किसी बड़े आन्दोलन में शिरकत के योग्य नहीं समझी जाती है, या यूँ कहें कि अक्सर किनारे कर दी जाती है। लेकिन गोरख की कविताओं में ऐसा नहीं है। उनकी बहुत सारी कविताएँ नारी मन एवं नारीपन की आमफहम व्यथाओं और अनुभूतियों से अलग, मौजूदा समय और समाज में औरत के भीतरी-बाहरी दबावों

को उकेरती है। उनके भोजपुरी गीतों में भी अक्सर संघर्ष का आह्वान नारियों के स्वर में आया दिखायी पड़ता है। उनकी एक कविता है 'सात सुरों में पुकारता है प्यार', जिसकी पंक्तियाँ द्रष्टव्य हैं–

*'तुमने बहुत सहा है*
*तुमने जाना है किस तरह*
*स्त्री का कलेजा पत्थर हो जाता है*
*स्त्री पत्थर हो जाती है*
*महल अटारी में सजाने के लायक*
*मैं एक हाड़-माँस की स्त्री*
*नहीं हो पाऊँगी पत्थर...'*

अपने आपको पत्थर न होने देने के लिए कृतसंकल्प यह हाड़-मांस की स्त्री गोरख की कविता में एक बार फिर चमत्कृत करती है जब कैथरकला की औरतों से हमारा साबिका पड़ता है–क्या से क्या हो गयी कैथरकला की औरतें? गोरख पाण्डेय अपनी पूरी आस्था के साथ कहते हैं–

*'...आने वाले समय में*
*जब किसी पर जोर-जबरदस्ती नहीं की जा सकेगी*
*और जब सब लोग आजाद होंगे*
*और खुशहाल*
*तब सम्मानित किया जाएगा जिन्हें*
*स्वतन्त्रता की ओर से*
*उनकी पहली कतार में*
*होंगी*
*कैथरकला की औरतें'*

महत्त्वपूर्ण बात यह है कि गोरख पाण्डेय का कथ्य अपनी निर्विकल्प दिशा में जितनी विपुल भाव भूमि समेटता है, उतनी ही विविधता उनके शिल्प में भी देखी जा सकती है। छन्द मुक्त कविता हो, गीत हो, ग़ज़ल हो या फिर काव्य का कोई दूसरा फॉर्म–गोरख पाण्डेय की दक्षता निर्विवाद थी और वे समान अधिकार के साथ इन सभी विधाओं में लिखते रहे। समय का पहिया जैसा गीत और प्यास का एक किस्सा जैसी कविता और समाजवाद जैसा भोजपुरी गीत–ये तीनों एक ही कलम की उपज हैं, यह विश्वास करना मुश्किल प्रतीत होता है।

गोरख पाण्डेय का गुजर जाना एक ऐसे व्यक्ति का गुजर जाना है, जिसे अपनी जमीन से मुकम्मल प्यार था, जिसने जिन्दगी को उसकी पूरी गहराइयों से जीना चाहा

था। जो लोहे और इस्पात के बीच से फूटता हुआ गुलाब था। उसके हिस्से एक मुकम्मल प्यास आयी थी, और इसी लिए वह एक समूची तलाश से गुजर सका। उसके पास मेहनत के हाथों से आजादी की सड़कें ढालने का एक जज्बा था। उसकी आत्महत्या एक चुनौती है हम सबके लिए, और एक सवाल है कि क्यों नहीं हो सकती गोरख पाण्डेय के जीने लायक यह दुनिया?

**(प्रभात खबर : 10 फरवरी, 1991)**

□□